임제스님 말씀
차별없는 참사람

서 옹 스님 연의

임제스님 말씀
차별 없는 참사람

서옹스님 연의(演義)

차별없는참사람

머리말

 장하고 위대합니다. 모든 사람은 누구든지 본래 차별 없는 참사람입니다.
 이 참사람이란 어떤 것입니까?
 참사람은 눈 깜짝하지 아니하되 본래 선과 악, 또는 이성을 초월하여 생사도 없습니다. 시간과 공간이 거기에는 존재하지 아니합니다. 근본 원리(根本原理)나 신(神)도 있을 수 없습니다. 또한 부처도 없습니다. 여기에는 무한한 자기 부정(自己否定)만이 지속합니다.
 그러면 이 참사람은 죽은 것이나 다름이 없는 것일까요? 그렇지 아니합니다. 이 참사람은 손가락 끝도 까딱하지 아니하되 본래 공간적으로 무변(無邊)하게 세계를 형성하고 시간적으로 무한히 역사를 창조합니다. 감성(感性)과 이성(理性)과 영성(靈性)으로 문화와 역사를 창조합니다. 중생과 부처도 만듭니다. 지혜와 자비가 충만한 불국토(佛國土)를 건설합니다. 그러므로 무한히 자기 실현을 하고 무한히 자기 창조를 합니다.

그러나 이 참사람은 실로 모든 것을 창조하는 것도 아닙니다. 그렇다고 해서 모든 것을 파괴하는 것도 아니어서 필경 어디에나 걸리지 아니합니다.

그리고 또 이 참사람은 일정한 법칙에 얽매이지 아니합니다. 그래서 여러 가지 몸으로 어느 곳에나 자유자재하게 나투어서 자유자재하게 활동합니다.

『차별 없는 참사람』은 모든 사람의 절대 현재(絶對現在)의 참모습인 참사람을 밝힌 것입니다.

그러나 우리는 실로 이 참사람까지도 우주 밖으로 추방함으로 자유자재하게 사는 길이 열리는 것입니다. 과연 이렇다 하더라도 벌써 제2월(第二月)에 떨어진 것이 됩니다.

그러면 어떤 것이 제1월(第一月)입니까?

할(喝) 일할(一喝).

불기 2545년 10월 가을
西翁 識

임제스님 말씀의 머리말

　임제(臨濟)스님은 황벽산(黃檗山)에서 황벽(黃檗)스님의 통방(痛棒)을 얻어맞고 대우(大愚)스님의 갈빗대 밑을 비로소 주먹으로 쥐어박을 수 있었다.
　잘 지껄이는 대우스님은 임제스님을 『이 오줌싸개!』라 하고 황벽스님은 『이 미친놈이 다시 범의 수염을 만지는구나』라고 했다.
　깊은 산 암곡(巖谷)에 소나무를 심어서 후인의 표방(標榜)으로 삼았다.
　괭이로 땅을 파서 황벽스님과 수좌(首座)는 거의 생매장당할 뻔했다.
　황벽스님은 후배를 긍정(肯定)하고 바로 입을 스스로

쳤다.

　임제스님은 사퇴할 적에 황벽스님의 인가(印可)의 증거인 궤안(机案)을 불사르라 하고 황벽스님은 천하 사람의 혀끝을 끊기 위하여 가지고 가라 하였으니 하남(河南)이 아니면 하북(河北)으로 돌아간다.

　임제선사(臨濟禪寺)는 옛 나루에 임(臨)해서 왕래인(往來人)을 운반 제도하였다. 긴요(緊要)한 나루를 잡아쥐니 만 길이나 되는 절벽이다.

　주체를 빼앗고 객체를 빼앗아서 날카로운 선객(禪客)을 도주(陶鑄)함이요, 삼요(三要) 삼현(三玄)으로 운수납자(雲水衲子)를 단련한다.

　항상 집에 있어서 도중(途中)을 여의지 않으니 지위 없는 참사람이 면문(面門)으로 출입한다.

　양당(兩堂)의 수좌가 동시에 할(喝)을 함에 주인과 손〔客〕이 명백하다. 조(照)와 용(用)이 동시라 본래 전후가 없으며 거울은 모든 물건을 그대로 비추고 텅 빈 골짜기는 소리를 무심히 전한다.

　자유자재하게 상대방을 응하여 아무 자취가 없고 옷자락을 걷어붙이고 결연히 남으로 가서 대명부 홍화사(大

名府興化寺)에 머물렀다. 흥화사의 존장(存奘) 스님이 임제스님에게 법(法)을 받고 동당(東堂)에 맞아서 시봉(侍奉)했다. 살림은 동병(銅甁)과 철발(鐵鉢)뿐이요, 집의 문을 꼭 닫고 말을 하지 않았다.

소나무는 늙었고 구름은 한가로워 이 가운데 걸림이 없이 소요자재하다.

면벽 생활한 지 오래지 않아 삼성(三聖)과 말후(末後) 문답하여 정법(正法) 밀부(密付)함을 끝내려 했다.

『나의 정법안장(正法眼藏)을 누가 전할까? 이 눈먼 나귀한테서 멸해 버린다』

원각종연(圓覺宗演) 노장님이 이제 이 임제스님 말씀의 머리말을 간행하여 임제스님의 정법을 유통(流通)하는 데 잘 교정하여서 틀림이 없다.

오직 한 할[一喝]을 남기니 『차별 없는 참사람』의 근본이 되는 말 밖의 산 법을 상량(商量)하지 않으면 안된다. 밝은 눈을 갖춘 선객(禪客)들에게 바라니 잘못 읽지 말라.

연강전학사 금자광록대부 진정부로안무사
겸마보군도총관 겸지성덕군부사 마방(馬防) 지음

선화경자 2년 중추일 삼가 서를 씀

차 례

머리말 4
임제스님 말씀의 머리말 7

상당(上堂)
1. 왕상시가 법문(法門)을 청하다 17
2. 천 개의 눈〔眼〕 가운데 바른 눈 22
3. 차별 없는 참사람 24
4. 객〔賓〕과 주인〔主〕의 구별이 분명하다 27
5. 불법(佛法)의 큰 뜻 31
6. 석실행자(石室行者)의 방아 찧기 34
7. 고봉정상(孤峰頂上)과 시가지(市街地) 36
8. 길 가운데 집안 38
9. 세 개의 구절(句節), 세 개의 그윽한 문(門),
   세 개의 요체(要諦) 39

시중(示衆)
1. 네 가지로 경지를 분별함 45
2. 참답고 바른 견해 49
3. 조작(造作)함이 없음 59
4. 참답고 바른 주인의식 63
5. 부처와 마군이는 좋고 나쁜 두 경계일 뿐 67
6. 참답고 바른 견해 72

7. 네 가지 모양 없는 마음 경계 ················· 77
8. 스스로를 믿어 밖에서 찾지 않음 ············· 81
9. 삼신불(三神佛)을 새롭게 봄 ·················· 86
10. 마음과 마음이 다르지 않음이란? ············ 95
11. 선지식과 학인 간에 안목을 서로 시험함—네 가지 105
12. 만나는 대로 죽여 해탈자재하다 ············· 109
13. 한 생각 마음이 무사하여 다만 평상(平常)함 ··· 115
14. 선지식과 학인 간에 사(邪)와 정(正)을
    서로 시험함—네 가지 ······················ 119
15. 동(動)과 부동(不動)의 두 경계를 마음대로 쓰다 ·· 123
16. 네 가지 경계로 자재함 ····················· 127
17. 참답고 바르게 이루고 무너뜨리다 ··········· 131
18. 본 마음은 불·법·도(佛法道)와 합한 것도
    떠난 것도 아니다 ·························· 136
19. 부처와 법과 도의 참다운 의미 ·············· 139
20. 달마스님이 서쪽에서 온 뜻은? ·············· 141
21. 대통지승(大通智勝) 부처님 ················· 147
22. 다섯 가지 무간지옥의 업 ··················· 151

감변(勘辨)

1. 황벽(黃蘗)스님과 임제(臨濟)스님 간의
   살아 있는 어구(語句) ························ 169

2. 불자(拂子)를 추켜세움 ·················· 174
3. 보화(普化)스님과 더불어 재(齋)에 참석 ············ 176
4. 세 선사(禪師)에 대한 보화(普化)스님의 평가 ······· 179
5. 보화(普化)스님이 생나물을 먹다 ················· 182
6. 보화(普化)스님이 요령을 흔들다 ················· 184
7. 일이 없다고 말하지 않음이 좋다 ················· 186
8. 군영(軍營)에 들어가 재에 참석 ··················· 189
9. 황미(黃米) 판 것에 대하여 ······················· 190
10. 강사(講師)에게 물음 ····························· 193
11. 덕산(德山)스님의 삼십 방(棒) ··················· 196
12. 경(經)도 보지 않고 참선(參禪)도 하지 않다 ······· 199
13. 본래의 마음이란? ································ 202
14. 몽둥이[棒]와 할소리[喝] ························ 204
15. 멍청하여 지혜 없음에 대하여 ····················· 206
16. 대각(大覺)스님이 와서 참례함 ··················· 208
17. 조주(趙州)스님과의 문답 ························· 210
18. 정상좌(定上座)가 크게 깨달음 ··················· 212
19. 12면관음보살(十二面觀音菩薩)의 바른 얼굴 ······ 214
20. 임제(臨濟)스님의 네 가지 할[四喝] ·············· 216
21. 잘 왔는가? ······································· 218
22. 용아(龍牙)스님이 묻다 ··························· 219
23. 경산(徑山)스님의 오백대중 ······················· 222
24. 보화(普化)스님의 입적(入寂) ···················· 225

행록(行錄)

1. 임제(臨濟)스님 크게 깨닫다 ································ 231
2. 임제(臨濟)스님 소나무 심을 때에 ···················· 243
3. 덕산(德山)스님의 문답 ·· 246
4. 산 채로 묻다〔活埋〕··· 247
5. 승당〔僧堂, 禪房〕에서 눈감고 좌선 ·················· 250
6. 승당〔僧堂, 禪房〕에서 잠든 척하다 ·················· 252
7. 운력(運力) 중의 괭이문답 ·································· 254
8. 황벽(黃檗)스님의 편지 갖고 위산(潙山)에 가다 ···· 257
9. 반결제(半結制) 때에 있었던 일 ························· 261
10. 달마탑(達磨塔)에 이르러서 ······························ 266
11. 용광(龍光)스님을 만나서 ·································· 268
12. 삼봉(三峰)의 평화상(平和尙)을 만나서 ··········· 270
13. 대자(大慈) 환중선사(寰中禪師)를 만나서 ······· 273
14. 양주(襄州) 화엄선사(華嚴禪師)를 만나서 ······· 275
15. 취봉(翠峯)스님을 만나서 ·································· 277
16. 상전(象田)스님을 만나서 ·································· 280
17. 명화(明化)스님을 만나서 ·································· 282
18. 봉림(鳳林)스님 처소로 가는 길에—
     노파(老婆)와의 문답 ·· 284
19. 봉림(鳳林)스님을 만나서 ·································· 286
20. 금우(金牛)스님을 만나서 ·································· 290
21. 임제(臨濟)스님의 입적(入寂) ··························· 293
22. 임제(臨濟)스님의 간략한 전기(傳記) ··············· 295

상당(上堂)

법상(法床)에 올라

1. 왕상시가 법문(法門)을 청하다

하북부(河北府)의 절도사인 왕상시(王常侍)1)는 제관(諸官)과 함께 임제스님이 법좌(法座)에 올라 법문(法門)하시기를 청했다.
스님이 상당(上堂)하여 말하였다.

『산승(山僧)이 오늘 부득이 하여 인정에 순응하여 방금 이 법좌에 올라왔다. 만일 조사문중(祖師門中)의 종지상(宗旨上)으로 말하자면 감히 입을 열어 말할 수 없고 너희 발붙일 곳이 없다.

---
*상당(上堂) ; 주지가 일정한 날에 법당에 올라가서 설법하는 것)
1) 왕은 왕씨(王氏), 상시는 실관(實官)이 아니고 일종의 훈기(勳記). 본래 왕의 좌우에 시(侍)하여 제사(諸事)를 주(奏)하는 관(官)을 말함. 산기상시(散騎常侍)의 약(略). 이 왕상시가 임제스님을 진주로 초청했다고 함

그러나 산승이 오늘 왕상시가 굳이 청하거늘 어찌 근본종지(根本宗旨)를 숨기겠느냐? 훌륭한 선장(禪將)은 바로 진(陣)을 쳐서 깃대를 꽂고 법전(法戰)을 해보자. 대중 앞에서 증명(證明)해 보자』

그때에 승(僧)이 물었다.

『불법(佛法)의 극치(極致)는 무엇입니까?』

스님이 바로 할(喝)하시니 승(僧)이 예배한다.
스님이 말했다.

『이 스님은 같이 말할 만하구나』

또 다른 승(僧)이 물었다.

『스님께서는 뉘 집의 곡조(曲調)를 부르며 종풍(宗風)은 누구를 이었습니까?』

스님이 말했다.

『내가 황벽(黃檗)스님에게 세 번 묻고 세 번 얻어 맞았다』

승(僧)이 또 무슨 말을 하려 하니까 스님은 문득 할(喝)하시고 바로 한차례 때린 다음 이르기를

『허공에다 말뚝을 박아서는 안 된다』

좌주(座主)[2]가 물었다.

『삼승십이분교(三乘十二分敎)[3]인 팔만대장경이 어찌 불성(佛性)을 밝힌 것이 아니겠습니까?』

스님이 말하였다.

『거친 풀밭에 호미질을 않는 것이니라』[4]

---

2) 경전을 강설하는 교종의 승(僧)
3) 삼승은 성문, 연각, 보살. 십이분교는 불교를 12(十二)로 분류한 것이니 곧 장행(長行) 중송(重頌) 병수기(並授記), 고기(孤起) 무문자답(無問自答) 인연(因緣), 비유급본사(譬喩及本事) 본생(本生) 방광(方廣) 미증유(未曾有) 의론(議論)
4) 역자주 : 황초불증서(荒草不曾鋤)

좌주(座主)가 말했다.

『부처님이 어찌 사람을 속이겠습니까』

스님이 말하기를

『부처님이 어디 있느냐?』

좌주는 말을 못했다. 스님이 말했다.

『상시(常侍) 앞에서 나를 속이려 하는구나! 당장 물러가라. 당장 물러가라. 다른 사람이 묻는 데 방해된다』

이 말에 일본의 아사히나소우겐선사〔朝比奈宗源禪師〕는 "네가 그래서야 실지수행이 조금도 되어 있지 못하구나"라 해석했고, 아끼쯔끼로민〔秋月龍珉〕교수는 "무어! 불성이라고? 나에게는 그러한 것 소용없다. 나는 이 무명망상의 거친 풀 그대로 무명실성이 곧 불성의 뜻으로 알아서 나는 무명번뇌의 거친 풀을 한 번도 벤 일이 없다"라 해석했다. 이 두 분의 경지는 전자보다 후자가 더 깊다고 하겠다.
여기에 서옹스님이 착어하기를
"鴛鴦繡了從君看이나 莫把金針度與人하라."
"원앙새를 수놓았으니 그대는 마음대로 보라. 그러나 금바늘을 사람에게 주지 말라."

다시 스님이 말했다.

『오늘 법문(法門) 자리는 일대사(一大事)를 밝히기 위함이니 다시 묻고자 하는 이가 있느냐? 속히 물으라. 그러나 네가 조금이라도 입을 열면 벌써 틀려 버린다.

왜냐하면 석존께서도 말씀하시지 않았는가? '법은 문자를 여의었으니 인(因)에도 속하지 않고 연(緣)에도 있지 않는 까닭이다' 하셨거늘 너희들은 신(信)이 철저하지 못하므로 오늘 복잡하게 말하는 것이다. 상시(常侍)와 모든 관원들의 불성(佛性)을 매(昧)하게 할까 걱정이 되므로 나도 물러감이 좋겠다』

한 할〔一喝〕을 하고 말하였다.

『신(信)이 적은 사람은 깨달을 날이 없구나. 오랫동안 서 있었으니 그만 평안(平安)히 하라』

2. 천 개의 눈[眼] 가운데 바른 눈[5]

　　임제스님이 어느 날 하북부(河北府)에 갔다. 장관 왕상시가 법문을 청하여 스님이 법좌(法座)에 올라가셨다. 그때에 마곡화상(麻谷和尙)[6]이 나와서 물었다.

　　『대비관세음보살의 천수천안(千手千眼)에 어떤 것이 정안(正眼)입니까?』

　　임제스님이 말했다.

---

5) 이 법문은 고래로 빈주호환(賓主互換)의 기(機)를 보인 것이라 해서 유명하다.
6) 포주 마곡산(蒲州麻谷山)에 주한 선사(禪師). 이름은 불명(不明). 일반으로 마조법사보철(馬祖法嗣寶徹)이라고 함

『대비관세음보살의 천수천안에 어떤 것이 정안입니까? 속히 말하시오, 속히 말하시오』

그러자 마곡(麻谷)스님은 임제스님을 법좌에서 끌어내리고 자기가 앉았다.
임제스님이 가까이 나가서

『안녕하십니까?』[7]

하고 말하니, 마곡스님이 무엇이라 말하려 함에 임제스님이 또한 마곡스님을 법좌에서 끌어내리고 자기가 앉았다. 그랬더니 마곡화상이 나가 버리는지라 임제스님도 법좌에서 내려왔다.

---

7) 불심(不審)으로, '살피지 못했습니다'라는 말이니 보통 아침 인사말, 안녕하십니까라는 뜻. 진중(珍重)은 보통 저녁 인사말, 안녕히 주무십시오라는 뜻

3. 차별 없는 참사람

임제스님이 법당(法堂)에 올라가서 말했다.

『이 빨간 몸 덩어리8) 위에 한 차별 없는 참사람9)이 있어서 항상 여러분의 눈, 귀, 코, 입10) 등을 통해

---

8) 적육단(赤肉團)
9) 무위진인(無位眞人)은 임제종풍을 잘 드러낸 말의 하나라고 하겠다. 『차별 없는 참사람』에는 이 밖에 무위도인(無位道人), 청법저인(聽法底人) 등 인(人)자를 196회나 사용하고 있다. 육조스님은 견성(見性)이니 자성(自性)이니 말을 해서 자성(自性)을 많이 주장했고, 마조스님은 평상심시도(平常心是道) 즉심즉불(卽心卽佛)을 말해서 심(心)자를 많이 사용하고 묘용(妙用)을 역설해서 대기대용(大機大用)의 선(禪)으로 되었다. 임제스님에 와서 인(人)을 주장해서 일체에 주(住)함이 없이 자유자재하게 현실에 구체적으로 행동함을 표현했다. 육조의 자성(自性)보다 마조의 심(心)이 더 활동적이 되고 임제의 인(人)에 와서는 더욱 행동적이라고 하겠다. 중생과 부처도 없고 인간과 우주도 없고 시간도 없는 참사람이 자유자재하게 행동하는 것이야말로 가장 훌륭한 것이 아니겠는가.
10) 면문(面門)

서 출입한다. 아직 똑똑히 보지 못한 사람은 보아라 보아라』

그때 한 승(僧)이 나와서 물었다.

『어떤 것이 차별 없는 참사람입니까?』

임제스님은 선상(禪床)을 내려와서 그 승(僧)의 멱살을 움켜잡고 말했다.

『말해라! 말해!』

차별 없는 참사람이란 이 무슨 똥 닦는 막대기인고
(無位眞人是什麽乾屎橛)

그 승(僧)이 다시 무엇이라고 말하려 함에 임제스님은 그 승(僧)을 밀쳐 버리고

『**차별 없는 참사람이란 이 무슨 똥 닦는 막대기**〔乾屎橛〕11)**냐**』

하고는 바로 방장실12)로 돌아가 버렸다.

---

11) 무위진인시십마건시궐(無位眞人是什麽乾屎橛)
12) 주지의 거실

4. 객[賓]과 주인[主]의 구별이 분명하다

임제스님이 법당에 가셔서 법상(法床)에 올라가시니까 한 중[僧]이 나와서 예배하니 임제스님이 바로 할(喝)을 했다.

승(僧)이 말했다.

『노화상(老和尙)께서 시험하지 않으시는 것이 좋을 것입니다』

임제스님이 말했다.

『그대는 나의 할(喝)을 어떻게 보는가?』

승(僧)이 바로 할(喝)을 했다.
또 어떤 승(僧)이 물었다.

『어떤 것이 불법(佛法)의 구경(究竟)의 뜻입니까?』

임제스님이 바로 할(喝)을 하니 그 승(僧)은 예배했다.
임제스님이 말했다.

『너는 이 할(喝)을 훌륭한 할이라고 이르느냐?』

승(僧)이 이르되

『반란(反亂)의 역적이 대패(大敗)했습니다』[13]

임제스님이 말했다.

『허물이 어느 곳에 있느냐?』

---

13) 초적대패(草賊大敗). 당조(唐朝)의 정치에 반대한 민중이 봉기한 것을 말함

승(僧)이 말했다.

『두 번이나 범(犯)하는 것은 용서 못합니다』

임제스님이 바로 할(喝)했다.
그 날, 전당 후당14)의 두 수좌(首座)15)가 서로 만나자마자 동시에 할(喝)을 했다.
그것을 본 한 승(僧)이 임제스님에게 물었다.

『도리어 손님과 주인의 구별이 있습니까?』

임제스님이 말했다.

『손님〔賓〕과 주인〔主〕의 구별이 명백(明白)하다』

스님이 이르시기를

---

14) 중앙에 봉안한 문수대사(혹은 관세음보살), 달마대사를 중심으로 해서 선당을 양분하여 전문 쪽을 전당, 후문 쪽을 후당이라 한다.
15) 당내 제1좌

『대중아, 임제의 손님〔賓〕과 주인〔主〕의 글귀를 알려거든 승당〔僧堂, 禪房〕 안에 있는 두 수좌(首座)에게 물어보아라』

하시고 바로 법좌(法座)에서 내려왔다.

5. 불법(佛法)의 큰 뜻

임제스님이 상당(上堂)하심에 승(僧)이 물었다.

『어떤 것이 불법(佛法)의 구경(究竟)의 뜻입니까?』

임제스님이 불자(拂子)16)를 세우니 승(僧)이 할(喝)을 하는지라 스님은 바로 때렸다.
또 다른 승(僧)이 물었다.

『어떤 것이 불법(佛法)의 구경(究竟)의 뜻입니까?』

스님은 아까와 같이 불자(拂子)를 세우니 승(僧)은 바

---

16) 인도에서 모기나 파리를 쫓는 도구

로 할(喝)했다. 이에 임제스님도 할(喝)했다. 그러자 승(僧)이 무엇이라 말하려 하니까 임제스님은 재빨리 쳤다.

그리고는 스님이 말하시되

『대중아, 대저 불법(佛法)을 구하는 이는 생명을 잃을까봐 겁내지 말라. 나는 20년 전에 황벽선사의 회하(會下)에 있을 적에 세 번 불법의 대의(大意)를 물었다가 세 번 다 얻어맞았다.

그러나 그것은 마치 부드러운 쑥대로 건드리는 것 같았다. 지금 다시 한 방망이 얻어맞고 싶구나. 나를 위하여 때려 주지 않겠느냐?』

임제스님이 방(棒)을 잡아서 승(僧)에게 내주자 승(僧)이 받아잡으려고 할 때 임제스님은 바로 후려쳤다.

이때에 한 승(僧)이 대중 가운데서 나와 말하기를

『제가 때리겠습니다』

임제스님이 방망이를 잡아서 승(僧)에게 내주거늘 승(僧)이 받아 잡으려고 하는데 임제스님이 바로 후려쳤다.

6. 석실행자(石室行者)의 방아 찧기

임제스님이 상당하시니 승(僧)이 물었다.

『칼날 위의 일은 어떤 것입니까?』

스님이 말했다.

『아아 위험하다』

승(僧)이 무엇이라 말하려 함에 스님은 바로 때렸다. 승(僧)이 물었다.

『저 석실행자(石室行者)17)가 방아를 찧을 적에 다

---
17) 청원하사세 석실선도(靑原下四世石室善道), 9세기 중엽 당무제 회창

리 옮김을 잊어버렸다 하니 어떠한 경지에 있었습니까?』

스님이 대답하기를

『깊은 샘 속에 빠져 버렸다』

스님이 이어 말씀하셨다.

『나에게 오는 사람을 절대로 잘못 보는 일이 없다. 그이가 온 곳을 모두 알아 버린다. 만일 이렇게 오면 그 사람은 마치 자기를 잃어버린 거나 다름없고, 만일 이렇게 오지 않으면 그는 노끈 없이 자기를 자기 스스로 결박하는 것이다.
　언제든지 함부로 사량분별(思量分別)을 하지 말라. 아는 것과 알지 못하는 것이란 모두 틀린 것이다.
　나는 분명히 말한다. 천하 사람이 비난하려거든 마음대로 하라. 오래 섰으니 그만 편안히 하라』

　파불시(會昌破佛時)에 환속해서 행자가 되어 방아 찧어서 대중 스님에게 공양했다.

7. 고봉정상(孤峰頂上)과 시가지(市街地)

임제스님이 법당(法堂)에 올라 이르시기를

『한 사람은 높고 높은 외로운 봉우리의 맨 꼭대기18)에 있어서 상(相)이 있는 몸을 초월하는 길이 없고, 한 사람은 십자거리19)에 있으면서 앞과 뒤 또는 좌우의 차별이 없다. 어느 것이 앞에 있고 어느 것이 뒤에 있느냐?

유마힐(維摩詰)20)과 부대사(傅大士)21)의 일이라고

---

18) 고봉정상(孤峰頂上). 외롭게 높이 솟은 산꼭대기이니 파정(把定)을 말한다.
19) 십자가두(十字街頭). 차별의 세계이니 방행(放行)을 말한다.
20) 석존 재세시(在世時) 비사리성에 살던 거사. 유마힐(維摩詰)은 범어이니 무구칭(無垢稱)이라 번역함
21) 중국 양대(梁代)의 거사(居士 : 497~569). 이름은 흡(翕), 선혜대사(善慧大士)라 함

하지 말라. 딴 곳에 있지 않고 딴 사람에게 있지 않느니라. 진중(珍重)하라』

8. 길 가운데 집안

임제스님이 법당(法堂)에 올라가서 말했다.

『한 사람은 영원히 도중(途中)22)에 있으면서 집을 떠나지 않고, 한 사람은 집23)에서도 떠나가고 도중에도 있지 않으니 어떤 사람이 인간계(人間界)·천상계(天上界) 공양을 받을 만하겠느냐?』

하고 바로 법좌에서 내려오셨다.

---

22) 도중〔途中 ; 방행(放行), 십자가두(十字街頭)〕
23) 가사〔家舍 ; 파정(把定), 고봉정상(孤峰頂上)〕

9. 세 개의 구절(句節), 세 개의 그윽한 문(門), 세 개의 요체(要諦)[24]

임제스님이 법당에 올라가시니까 승(僧)이 물었다.

『어떤 것이 제1구(第一句)입니까?』

스님이 대답했다.

---

24) 삼구삼현삼요(三句三玄三要). 옛사람이 삼구에 대하여 제1구는 상신실명(喪身失命)이라 하고 여인인공(如印印空)이라 하여 감여불조위사(堪與佛祖爲師)라 했고, 제2구는 미개구착(未開口錯)이라 하고 여인인수(如印印水)라 하여 감여인천위사(堪與人天爲師)라 했고, 제3구는 분기소추(糞箕掃箒)라 하고 여인인니(如印印泥)라 하여 자구불료(自救不了)라 했다. 삼요(三要)에 있어서는 일요(一要)는 대기원응(大機圓應), 이요(二要)는 대용전창(大用全彰), 삼요(三要)는 기용제시(機用齊施)라 했다. 삼현(三玄)에 있어서는 현중현(玄中玄)은 행(行)이라 하고 양구(良久) 방할(棒喝)이라 하며 구중현(句中玄)은 지(智)라 하고 경절언구(徑截言句)라 하며 체중현(體中玄)은 이(理)라 하고 삼세일념등(三世一念等)이라 했으나 이와 같이 천착(穿鑿)하면 임제종지와는 멀어지는 것이라 하겠다.

『삼요인(三要印)을 찍고 뗀즉 빨간 점이 선명히 나타난다. 생각하기도 전에 주인과 손님이 명백히 나뉘어진다』

승(僧)이 물었다.

『어떤 것이 제2구(第二句)입니까?』

스님이 말했다.

『근본지(根本智)인 문수보살이 무착(無著)[25]의 묻는 것을 용납하겠느냐? 그러나 방편(方便)의 후득지(後得智)는 일체를 끊어 버리는 근본지와 모순이 되겠느냐?』

승(僧)이 물었다.

---

[25] 무착은 오대산화엄사 무착이 대력2년(767)에 오대산에 가서 문수보살을 친견했다 한다. 무착을 앙산의 법사인 항주용천선사(杭州龍泉禪寺) 문희(文喜 : 821~900)와 동일시하는 것은 잘못이다. 그이가 무착선사의 칙시호(勅諡號)를 받은 것은 임제 몰후(沒後) 31년이다.

『어떤 것이 제3구(第三句)입니까?』

스님이 말했다.

『무대(舞臺) 위의 꼭두각시 놀리는 것을 잘 보아라. 줄을 당겨서 활동시키는 것은 모두가 무대 속에 사람이 있어서 하는 것이다』

스님이 또 말했다.

『1구(一句)의 말은 삼현문(三玄門)을 갖추지 않으면 안 된다.
일현문(一玄門)은 삼요(三要)를 갖추지 않으면 안 된다. 거기에는 방편(方便)도 있고 작용(作用)도 있다. 너희들 여러 사람은 이것을 어떻게 알겠느냐?』

하고 법좌(法座)에서 내려왔다.

시중(示衆)

대중을 위한 수시법문(垂示法門)

1. 네 가지로 경지를 분별함

임제스님이 저녁 법문에 대중에게 말했다.

『어떤 때에는 대기(大機 : 人)를 빼앗아 버리고 대용(大用 : 境)을 빼앗지 않으며, 어떤 때에는 대용을 빼앗아 버리고 대기를 빼앗지 않으며, 또 어떤 때에는 대기와 대용을 모두 빼앗아 버린다.

그리고 어떤 때에는 주체와 객체를 모두 빼앗지 않는다』

그때에 한 승(僧)1)이 물었다.

---

*시중〔示衆 ; 대중에게 수시법문(垂示法門)〕
1) 임제의 제자인 지의도자(紙衣道者)이니 이름은 극부이다.

『어떤 것이 대기(大機)를 빼앗아 버리고 대용(大用)을 빼앗지 않음입니까?』

스님이 말했다.

『따뜻한 봄날에 만물이 소생하니 지상(地上)은 백화(百花)가 만발하여 비단을 깔은 것 같고 어린아이가 머리털을 내리뜨리니 하얀 실과 같구나』

아이 머리가 하얗다는 것은 사실로는 없는 일이니 '사람'을 부정한 것이다.

주체를 부정한 객체는 객체가 주체와 대립이 되는 것이 아니라 객체가 절대적으로 되어 객체 안에 주체를 내포하여 객체만 나투는 것이다.

승(僧)이 물었다.

『어떤 것이 대용을 빼앗아 버리고 대기를 빼앗지 않음입니까?』

스님이 말했다.

『국왕(國王)의 명령이 천하에 두루 행하여 변방(邊方)에 있는 장군은 전쟁을 안 한다』

 이것은 대기가 절대적이어서 대기 내에 대용이 포용(包容)되어 밖으로 대용이 부정되고 대기만 드러나게 된다.
 승(僧)이 물었다.

『어떤 것이 대기와 대용을 모두 빼앗음입니까?』

 스님이 말했다.

『병주(幷州)와 분주(汾州)는 중앙 정부에 배반하여 중앙 조정(朝廷)과는 떨어져 나가 버리고2) 각각 일방(一方)에 독립했다』

 이것은 대기가 되는 중앙 정부도 배반하여 부정하고 대용이 되는 병분(幷汾)도 떨어져 나갔으니 부정이 된

---

2) 병분절신〔幷汾絶信 ; 인(人 ; 중앙정부)과 경(境 ; 병분)을 다 부정한 것〕. 이 법문을 고래로 '임제사요간'이라 한다. 요간(料簡)은 분류 또는 표준의 뜻이다.

시중(示衆) 47

셈이다.

승(僧)이 물었다.

『어떤 것이 대기와 대용을 모두 빼앗지 않음입니까?』

스님이 말했다.

『국왕이 궁전에 오르시고 전야(田野)의 노부(老夫)는 격양가(擊壤歌)를 부른다』

이것은 대기인 왕과 대용인 국민들이 모두 드러나게 된 것이다.

2. 참답고 바른 견해

임제스님이 대중에게 이르시기를

『이제 불법을 배우는 사람은 진정한 견해를 구하지 않으면 안 된다. 만일 진정한 견해를 얻게 되면 죽고 나는 데에 물들지 않고 가버린다거나 머물러 있는 데에 자유자재하다.

수승(殊勝)함을 구하고자 원하지 않아도 수승함이 자연히 오는 것이다.

도(道)를 배우는 여러분이여, 옛날부터 선덕(禪德) 스님들은 다 사람을 구해내는 길이 있었다.

내가 사람을 가르치는 것은 다만 너희가 다른 사람의 미혹(迷惑)함을 받지 않고 행동하고 싶거든 행동하게 함이니 결코 주저 주저하지 말라.

 오늘날 배우는 사람이 그렇게 안 되는 것은 병이 어디에 있느냐? 병은 스스로 믿지 않는 데에 있다.

 네가 만일 스스로 믿음이 철저하지 못하면 바로 분망(奔忙)하게 일체 경계를 좇아 이끌려 여러 가지 경계에 마음을 뺏겨서 자유를 얻지 못하게 된다.

 네가 만일 생각 생각에 밖으로 구하는 마음을 쉬면 바로 조사(祖師)인 부처와 다르지 않다.

 네가 조사인 부처를 알고자 하느냐? 그것은 다만 나의 면전에서 법문을 듣는 너 자신이다.
 그런데 배우는 사람이 철저히 믿지 않고 바로 밖으로 향하여 달려서 구한다.
 그래서 설사 구해 얻었다 하여도 이것은 다 문자의 그럴 듯한 껍데기 모양은 된 것이나 마침내·저 산〔活〕 조사의 뜻은 얻지 못한다.

그르치지 말라, 모든 선덕(禪德)이여. 이때에 조사(祖師)인 부처를 만나지 못하면 나고 죽기를 영원토록 하며 삼계에 윤회하다가 자기가 좋아하는 경계에 이끌려가므로 당나귀나 소의 뱃속에 나게 된다.

도(道) 배우는 여러분이여, 산승이 보는 바로는 석가부처님과 다르지 아니하다.

오늘 여러 가지 작용하는 곳에 모자라는 것이 무엇이냐? 여섯 가지 신령스러운 빛이 잠깐도 쉰 일이 없다.
만일 이와 같이 볼 수가 있으면 참으로 일생 무사한 사람이다.

대덕(大德)이여, 삼계가 편안치 못함이 마치 불난 집과 같아서 네가 오래 머물러 살 곳이 못 된다.
무상(無常)한 살귀(殺鬼)는 한 찰나간〔一刹那間〕에도 귀천노소(貴賤老少)를 가리지 않고 목숨을 빼앗아 간다.

너희들이 조사(祖師)인 부처와 다르지 않고 싶거든 오직 밖으로 구하지 말라.

너의 한 생각 마음 위에 청정한 광명, 이것이 네 자신 속의 법신불(法身佛)이요, 너의 한 생각 마음 위에 분별 없는 광명, 이것이 네 자신 속의 보신불(報身佛)이며, 너의 한 생각 마음 위에 차별 없는 광명, 이것이 네 자신 속의 화신불(化身佛)이다.

이 세 가지 불신(佛身)[3]은 지금 목전(目前)에서 법문을 듣는 사람인 네 자신이니, 이는 오직 밖을 향하여 달려 구하지 않기 때문에 이런 공용(功用)이 있는 것이다.

불교를 학문적으로 연구하는 경론가(經論家)에 의하면 세 가지 불신(佛身)을 가져 구경궁극(究竟窮極)이라고 한다.

---

[3] 삼종신(三種身). 법신은 법성의 이체(理體)이니 대일여래(大日如來)가 곧 법신불이다. 보신은 인위(因位)의 원(願)과 행(行)의 공덕으로 얻은 과위(果位)의 불(佛)이니 아미타불이 곧 보신불이다. 화신은 중생제도를 위하여 차세(此世)에 응현한 불(佛)이니 석가모니불이 화신불이다. 응신(應身)이라고도 한다.

그러나 산승의 보는 바로는 그렇지 않다. 이 세 가지 불신(佛身)은 오직 이름과 말이고 또한 세 가지 의지(依支)인 것이다.

고인도 말하기를[4] '불신(佛身)은 의의(意義)에 의해서 세운 것이고 불국토(佛國土)는 법성(法性)의 본체에 의하여 의론(議論)한 것이다.'

법성(法性)의 불신(佛身)이나 법성의 불국토(佛國土)는 이 마음의 그림자인 것이 명백하다.

대덕(大德)이여, 그대는 이 마음 그림자를 희롱하는 사람이 모든 부처의 본원(本源)이고 일체 도(道) 배우는 사람들이 돌아갈 자기 집인 줄 알아야 한다.

그대의 육체(肉體)는 법문을 설하고 법문을 들을 줄 모르고, 오장육부도 법문을 설하고 법문을 들을 줄 모르며, 허공도 법문을 설하고 법문을 들을 줄 모른다.

---

4) 고인운신의의립토거체론(古人云身依義立土據體論). 자은규기(慈恩窺基 : 632~682)의 『법원의림장法苑義林章』 권7에서 인용한 듯하나 어구가 부동(不同)함

대체 이 무엇이 법문을 설하고 들을 줄 아는 것이냐?

이것은 바로 너다. 즉 목전에 역력한 것, 한낱 형상5)도 없이 절대 홀로 자체만으로 명백한 이것이 법문을 설할 줄 알고 법문을 들을 줄 안다.

만일 이와 같이 볼 수 있으면 바로 조사인 부처와 다르지 않다.

다만 어떤 때에든지 다시는 간단(間斷)이 없어서 눈에 보이는 것이 다 이것이다.

다만 '망념(妄念)이 생하면 참 지혜가 막히며 생각이 동하면 본체(本體)와 달라진다.'

그러므로 삼계에 윤회하여 갖가지 고통을 받게 된다. 만일 나의 견해로 본다면 심히 깊어서 해탈 아닌 것이 없다.

도(道)를 배우는 여러분이여, 심법(心法)은 형상이 없어서 시방세계를 꿰뚫어 통하여 있다.

눈으로는 본다 말하고 귀로는 듣는다 말하며 코로

---

5) 형단(刑段)은 물질적 또는 정신적인 모든 형체

는 향기 맡고 입으로는 담론(談論)하고 손으로는 잡고 발로는 돌아다닌다.

　이것은 본래로 일정명(一精明)6)인데 나뉘어서 육화합(六和合)7)이 된다. 다시 말하면 근본 한 마음이 나뉘어서 육근(六根)의 작용이 되는 것이다.
　그 한 마음이 없다면 곳곳마다 해탈이 된다. 내가 이렇게 설하는 것은 뜻이 어디 있는 것인가?
　그것은 바로 도(道) 배우는 여러분이 모든 내달아 구하는 마음을 쉬지 못하여 저 옛사람의 쓸데없는 기경(機境), 즉 말과 작용에 집착하기 때문이다.

　도(道) 배우는 여러분이여, 내가 보는 바로는 보신불(報身佛), 화신불(化身佛)을 깔고앉아 버리나니 십지수행(十地修行)을 성취한 사람도 고용살이와 같고 등각(等覺)·묘각(妙覺)의 부처도 형틀을 짊어지고 자물쇠를 찬 놈이요, 나한(羅漢)과 벽지불(辟支佛)은 마치 뒷간의 똥과 같고, 보리 열반은 당나귀를 맨 말뚝과 같다.

---

6) 일정명(一精明 ; 본심을 말함)
7) 육근(六根)과 육경(六境)이 화합하여 육식(六識)이 생하는 것

어째서 이러한가? 다만 도(道)를 닦는 사람들이 무한의 시간이 공(空)한 줄 깨닫지 못하므로 이 장애(障礙)가 있는 것이다.

만일 진정한 도인이라면 절대로 이와 같지 않다. 다만 연(緣)을 따라 과거에 지은 업(業)을 없애서 마음대로 자유자재하게 의복을 입으며 가고 싶으면 바로 가고, 앉고 싶으면 바로 앉아서 한 생각도 불과(佛果)를 구하는 마음이 없다.

왜 그러한가?
고인이 이르되 '만일 업(業)을 지어 가지고서 부처를 구하려고 하면 부처는 바로 생사윤회의 큰 조짐이다'라고 했다.

대덕(大德)이여, 시간을 아껴라. 다만 밖으로 부산하게 선(禪)을 배우고, 도(道)를 배우며, 명자(名字)에 집착하고, 언구(言句)에 집착하며, 부처를 구하고, 조사(祖師)를 구하며, 선지식(善知識)을 구하여 사량복탁(思量卜度)하는구나.

잘못하면 안 된다. 도(道)를 배우는 사람들아, 너

희들에게는 다만 한 부모(父母)8)가 있다. 다시 무엇을 구하려고 하느냐?

　네 자신이 반조(返照)해 보라.
　고인이 말하기를9) '연야달다(演若達多)는 자기 머리를 잃어버렸다고 잘못 생각했었지만 구하는 마음이 쉬었을 적에 바로 무사하였다'고 했다.

　대덕이여, 어쨌든 평상(平常)하게 하라. 아무 조작(造作)이 없는 참나[眞我]대로 하고 껍데기 조작을 짓지 말라.

　세상에는 아무 조백(皂白)도 모르는 바보 중이 있어서 있지도 않은 귀신이나 도깨비 같은 것을 문득 보고 동을 가리키고 서를 가리키며 맑은 날씨를 좋아하고 비오는 날씨를 좋아한다.

---

8) 본심, 차별 없는 참사람
9) 고인운연야달다실각두운운(古人云演若達多失却頭云云).『능엄경』에 있는 이야기다. 부처님께서 부루나를 위하여 설하셨다. 옛날 실라성중(室羅城中)에 연야달다(演若達多)라는 사람이 새벽에 홀연히 거울을 보다가 거울 속에 있는 머리는 미목(眉目)이 얌전한데 자기의 머리에는 눈도 얼굴도 볼 수 없으며 도깨비가 되었다고 성을 내고 미쳐서 달아났다고 한다.

이러한 것들은 다 반드시 벌을 받아서 염라대왕 앞에서 뜨거운 철환(鐵丸)을 삼킬 날이 있을 것이다.

훌륭한 가문의 젊은 사람들10)이 이러한 여우 떼한테 홀려서 괴상하게 된다. 눈먼 바보 중아, 먹은 밥값을 내라고 청구(請求) 받을 날이 있을 것이다』

---

10) 일반 승려를 가리킨 말

3. 조작(造作)함이 없음

임제스님이 대중에게 보여 말씀하셨다.

『도(道)를 배우는 여러분, 무엇보다도 진정한 견해를 얻어 가져서 천하를 자유로 행하여 이 많은 도깨비 같은 선지식(善知識)한테 속지 말아야 한다.
 참나(眞我) 그대로 살아서 무사한 것이 귀한 사람이다. 결코 조작해서 꾸미지 말라. 다만 평상(平常) 그대로 하라. 너희가 밖으로 향하여 옆길로 구해 돌아다녀서 손발 붙일 곳을 찾으려 하는 것은 틀려 버림이라.
 다만 부처를 구하려 하나 부처는 이름에 지나지 않는다. 네가 이 달려(馳) 구하는 놈을 아느냐?

삼세시방(三世十方)의 부처와 조사(祖師)가 세상에 나오신 것도 다만 법(法)을 구하기 위함이요, 지금 도(道)를 배우는 여러분도 또한 다만 법(法)을 구하기 위함이다.

법(法)만 얻으면 다 된 것이다. 아직 얻지 못했다면 종전대로 지옥(地獄), 아귀(餓鬼), 축생(畜生), 인간(人間), 천상(天上)의 오도(五道)를 윤회(輪廻)하게 된다.

이 법(法)은 무엇이냐? 법이란 것은 이 마음의 법이다.
마음의 법(法)은 형상이 없어서 시방세계에 꿰뚫어 통하여서 목전(目前)에 나타나 작용한다.

사람이 철저히 믿지 아니하여 바로 거기서 명칭과 언구(言句)에 집착하여 문자(文字) 중에서 불법(佛法)을 사량복탁(思量卜度)하지만 불법과는 하늘과 땅만큼의 거리가 멀다.

도(道) 닦는 여러분, 내 설법(說法)은 무슨 법(法)을 설하는 것인가? 심지법(心地法)을 설하는 것이다.

이 심지법(心地法)이 바로 능히 범부(凡夫)의 경지로 들어가고, 성인(聖人)의 경지로 들어가며, 깨끗한 데 들어가고, 더러운 데 들어가며, 진(眞)으로 들어가고, 속(俗)으로 들어가는 것이다.

요컨대 네가 만든 진(眞)과 속(俗), 범부와 성인이 모든 진속(眞俗) 범성(凡聖)에 이름을 지어 붙일 수는 없다. 진속 범성이 이 사람에 대해서 이름을 지어 붙일 수는 없는 것이다.

도(道) 배우는 사람들이여, 마음을 잡아 얻으면 바로 작용해서 다시는 이름에 착(著)하지 않게 된다. 이 이름을 깊은 뜻〔玄旨〕이라고 한다.

내 설법(說法)은 천하 사람들과 다르다. 가령 문수보살(文殊菩薩), 보현보살(普賢菩薩)이 눈앞에 나와서 각기 한 몸을 나투어 법(法)을 묻기를 '스님께 묻습니다' 하고 겨우 말하자마자 나는 벌써 판단해 버린다.

내가 편안히 앉았을 적에 또 도(道) 배우는 사람이 있어서 와서 서로 만나볼 적에 나는 다 판단해 버린다.

어째서 그러한가? 그것은 다만 내 견해가 특별하여 밖으로 범부 성인의 차별경계(差別境界)에도 착(著)하지 않고 안으로 근본(根本) 자리에도 머물지 아니하여 투철(透徹)히 보아서 다시는 의심하고 그르치지 않기 때문이다』

4. 참답고 바른 주인의식

임제스님이 대중에게 가르쳐 말씀하셨다.

『도(道) 배우는 여러분이여, 불법(佛法)은 공(功)을 써서 힘써 조작할 것이 없다. 다만 평상(平常)대로 해야 아무 일이 없다. 대변을 보고 소변을 보며 옷을 입고 밥을 먹으며 피곤하면 누워서 쉰다.
 어리석은 사람은 알지 못하고 비웃지만 지혜 있는 사람은 잘 안다.

 옛사람도 이르기를 '밖을 향하여 공부하는 것은 다 크게 어리석은 놈이다'[11]고 했다.

---

11) 남악라찬선사(南嶽懶瓚禪師)의 말. 북종보숙(北宗普寂 : 651~729)의 법사(法嗣)

목마르면 차(茶) 마시고 피곤하면 쉰다.

여러분, 어느 곳에서든지 주인공(隨處作主)12)이 되면 그 서 있는 곳은 다 진실(立處皆眞)13)한 것이다.

어떠한 경계(境界)에 부딪쳐도 너희들은 이끌리지 않는다.

가령 종래(從來)로 지은 나쁜 습기(習氣)와 무간지옥(無間地獄)에 떨어질 다섯 가지 행위14)가 있더라도 자연히 해탈의 큰 바다로 화한다.

---

12) 수처작주(隨處作主)
13) 입처개진(立處皆眞)
14) 오무간업(五無間業 ; 무간지옥에 떨어질 다섯 가지 대역죄이니 부(父)를 죽이고 모(母)를 죽이고 아라한(阿羅漢)을 죽이고 불신(佛身)을 해(害)쳐서 피를 내고 교단화합을 파(破)한 것)

오늘에 도(道) 배우는 사람이 전연 법(法)을 알지 못하는 것이 마치 양(羊)이 냄새를 맡는 즉시 무엇이든지 닥치는 대로 입 속에 넣어 버리는 것과 같다.

종과 주인도 알지 못하고 객과 주인도 구별할 줄 모른다.

이러한 무리들은 삿된 마음으로 도(道) 배운다고 들어와서 일이 많은 번잡(煩雜)한 곳이면 이내 들어간다.
진실한 출가인이라고 말할 수 없다. 바로 이것은 정작 속인(俗人)이다.

대저 출가한 사람은 평상(平常)의 진정한 견해를 잘 판단하여 부처와 마군이를 분별하며, 참과 거짓을 분별하며, 범부와 성인을 분별하지 않으면 안 된다.

만일 이와 같이 잘 분별할 줄 알면 참출가라고 말할 수 있다.
만일 마군이와 부처를 분별하지 못하면 바로 한 집에서 나와서 또 한 집에 들어가는 것이다.

업(業)을 짓는 중생이라고 부르고 진실한 출가라고 말할 수 없다.

이제 여기 부처와 마군이가 있어 동체여서 나눌 수 없는 것이 물과 젖이 섞여 있듯 하다면, 거위가 물을 안 먹고 젖만 먹듯 눈 밝은 도류(道流)라면, 마군이와 부처를 모두 쳐버린다. 네가 만일 성인을 따르고 범부를 미워하여 분별에 떨어지면 생사 바다 속에 떴다 잠겼다 할 것이다』

5. 부처와 마군이는 좋고 나쁜 두 경계일 뿐

묻기를

『어떤 것이 부처와 마군이입니까?』

하니 임제스님이 말씀하셨다.

『너희들의 한 생각 마음이 의심한 곳이 마군이이다. 네가 만일 모든 만법(萬法)이 생함이 없고, 마음은 환화(幻化)와 같아서 본래 없는 줄 깨달으면 다시는 한 티끌 한 법도 없고 어느 곳이든지 다 청정한 것이다. 이것이 참부처다.

그러므로 부처와 마군이는 물들고 깨끗한 두 가지

경계이다. 나의 견해를 가져 말하면 부처도 없고 중생도 없다.

옛날〔古〕도 없고 지금〔今〕도 없다. 얻는 자는 바로 얻어서 오랫동안 수행(修行)한다는 세월이 필요없다. 수행(修行)할 것도 없고 증득(證得)할 것도 없으며 얻을 것도 없고 잃을 것도 없다.

언제든지 다시 특별한 법(法)이 없다. 설사 이보다 수승(殊勝)한 한 법(法)이 있다 하더라도 나는 말한다. '그것은 꿈과 같고 환화(幻化)와 같은 것이라'고. 내가 설한 것은 다 이것이다.

도(道) 배우는 사람들이여, 바로 지금 눈앞에, 홀로 밝아서 분명히 법문(法門)을 듣는 자, 이 사람이야말로 어느 곳에든지 걸리지 않고 시방세계를 꿰뚫어서 삼계(三界)에 자유자재하게 행동한다.

일체 경계의 차별 속에 들어가도 거기에 이끌리지 않는다. 일찰나(一刹那) 사이에 법계(法界)에 뚫고 들어가서 부처를 만나면 부처에게 설하고, 조사(祖

師)를 만나면 조사에게 설하고, 나한(羅漢)을 만나면 나한에게 설하고, 아귀(餓鬼)를 만나면 아귀에게 설한다.

일체처(一切處)에 향하여 여러 국토를 돌아다니면서 중생을 교화(敎化)하지만 현재 한 생각을 여의는 일이 없다.

어느 곳이든지 다 청정하여 광명이 시방세계를 꿰뚫고 만법(萬法)이 일여(一如)하다.

도(道) 배우는 여러분, 대장부는 오늘이야말로 본래무사(本來無事)한 줄을 안다. 다만 네가 철저히 믿지 못하기 때문에 생각 생각에 밖으로 달려〔馳〕 구하여 본래 있는 머리를 버리고 밖으로 머리를 찾아서 스스로 쉬어 버릴 수가 없다.

저 대중의 으뜸이 되는 원돈보살(圓頓菩薩)도 법계(法界)에 들어가 몸을 나투어서 정토(淨土) 속에서 범부를 싫어하고 성인을 좋아한다.

이와 같은 무리는 취하고 버리는 마음을 잊어버리지 못하여 물들고 깨끗하다는 분별심(分別心)이 있는 것이다.

우리 선종(禪宗) 견해로 하면 아주 그렇지 않다. 바로 현재, 즉금(卽今)일 뿐이요, 아주 시간이 있지 않다.

내가 설하는 것은 다 그때 그때, 병 고치기 위한 약을 쓰는 것이지 모두 진실한 법(法)이 없다. 만일 이와 같이 보면 이것이 참다운 출가(出家)라 하겠고 날로 만 냥의 황금을 쓸 수가 있다.

도(道) 배우는 여러분, 쉽사리 제방(諸方) 방장 스님한테 얼굴 위에 인가의 도장 찍음을 받아가지고 '나는 선(禪)을 알았다, 도(道)를 알았다' 말하여 급히 흐르는 강물과 같이 지껄이지 말라.

이런 것은 다 지옥에 떨어지는 업(業)을 짓는 것이다.

만일 진실하고 정당한 도인이라면 세간(世間)의 틀린 것을 구하지 않고 간절하고 급히 진정한 견해를 구하려고 노력한다.

만일 진정한 견해를 통달(通達)하여 원만명백(圓滿明白)하게 되면 그때에 비로소 일대사(一大事)를 깨달아 마친 것이 된다』

6. 참답고 바른 견해

묻되

『어떤 것이 진정한 견해입니까?』

하니 임제스님이 말했다.

『너희들은 언제 어디서나 범부경지(凡夫境地)에도 들어가고 성인경지(聖人境地)에도 들어가며 더러운 데도 들어가고 깨끗한 데도 들어가며 모든 부처의 국토(國土)에도 들어가고 미륵(彌勒)15)의 누각(樓閣)에도 들어가며 비로자나법계(毘盧遮那法界)16)에도 들

---

15) 미륵은 석가멸후 56억 7천만 년에 출현하는 미래불
16) 『화엄경』의 본존인 법신불 비로자나여래의 국토(『화엄경』 권77, 78)

어가서 도처(到處)에 다 국토를 나투어서 성주괴공(成住壞空)17)한다.

부처는 이 세상에 나오셔서 위대한 법문(法門)을 하시고 열반에 드신다. 그러나 오시고 가시는 형상모양(形相貌樣)을 보지 못한다.
그 나고 죽는 것을 구해 보아도 아주 얻어 볼 수가 없다.

그래서 남이 없(無生)는 공(空)한 법계(法界)에 들어가서 도처에 국토를 돌아다니며 화장세계(華藏世界)18)에 들어가서 모든 법(法)은 공(空)한 상(相)이고 다 실다운 법은 없다고 철저히 본다.

다만 내 앞에서 법문(法門)을 듣는 의지함이 없는 도인(無依道人), 이것이 모든 부처의 어머니이다.

---

17) 세계의 생멸 변화를 성립(成立), 주지(住止), 파괴(破壞), 공무(空無)의 사상(四相)으로 본 것
18) 연화장세계(蓮華藏世界)의 약(略). 비로자나불을 교주로 하는 화엄의 법계

그러므로 부처는 의지함이 없음으로부터 나온다. 만일 의지함이 없는 것을 깨달으면 부처도 또한 얻을 것이 없다.

만일 이와 같이 볼 수 있으면 이것이 진정한 견해이다. 도(道) 배우는 사람이 깨닫지 못하고 이름과 글귀에 집착하여 저 범부(凡夫)니, 성인(聖人)이니 하는 이름에 걸림이 되기 때문에 그 도안(道眼)이 가려서 진정한 견해가 분명하지 못하다.

저 12분교(十二分敎), 즉 보통 말하는 팔만대장경(八萬大藏經)은 모두 다 차별 없는 참사람을 표현(表顯)하는 설명에 불과한 것이다.

도(道) 배우는 사람은 알지 못하고 표현(表顯)하는 이름과 글귀 위에 지해(知解) 분별을 한다.
그러나 이것은 껍데기에 붙어 의지하는 것에 지나지 않는다.
그것은 인과에 떨어져서 삼계(三界)의 생사윤회(生死輪廻)를 면치 못하는 것이다.

네가 만일 생사(生死)와 가고 머무름에 벗고 입음을 자유자재하게 되기를 원하거든 이 법문(法門)을 듣는 사람이 형상(形相)도 없고, 근본(根本)도 없고, 머무는 곳도 없어서 활발발(活潑潑)19)하고 자유자재하게 활동하는 것을 지금 당장에 알아차려라.

여러 가지 모든 시설(施設)은 작용(作用)하되 그 자취가 없는 것이다.

그러므로 찾으려고 하면 더욱 더욱 멀어지고, 구하려고 하면 더욱 더욱 틀려 버린다.
이것을 비밀이라고 말한다.

도(道)를 배우는 여러분, 꿈 같고 허망하게 붙어 있는 것, 즉 육체를 잘못 알고 집착하지 말라. 이것은 조만간에 바로 무상(無常)하게 되어 버린다.
너희는 이러한 세계 가운데에 무엇을 찾아 가지고 해탈이라고 하겠느냐?

---

19) 활발발(活鱍鱍)이라고도 씀. 고기가 팔팔 뛰는 모양

한 입의 밥을 찾아 먹고, 누더기를 기워 입고, 세월만 보내는 것이 아니냐?

어쨌든 선지식(善知識)을 찾아 만나야 한다. 우물쭈물하거나 허망한 즐거움에 팔려서는 안 된다.

시간을 아껴라. 생각 생각 죽음의 길이다. 우리는 큰 것〔大〕, 다시 말하여 물질적 또는 육체적으로는 지·수·화·풍(地水火風)의 사상(四相)과, 세밀한 것〔小〕, 다시 말하여 마음의 작용(作用)으로는 생·주·이·멸(生住異滅)의 사상(四相)의 핍박을 받는다.

도(道) 배우는 여러분, 현재 이때에 네 가지 상(相)이 없는 경계(境界)를 알아서 경계(境界)에 흔들려 어지러움을 받지 않도록 하여야 할 것이다』

7. 네 가지 모양 없는 마음 경계

묻기를

『어떤 것이 네 가지 상(相)이 없는 경계입니까?』

하니 임제스님이 말했다.

『너희들이 의심하는 한 생각이 딴딴한 땅이 되어 방애(妨礙)한다, 너희들이 사랑하는 한 생각이 축축한 물이 되어서 빠지게 한다, 너희들이 성내는 한 생각이 뜨거운 불이 되어서 태운다, 너희들이 기뻐하는 한 생각이 움직이는 바람이 되어서 날린다.

만일 이와 같이 네 가지 상(相)이, 한 생각이 지은

것이어서 실체가 없어서 공(空)한 줄 깨달으면 경계(境界)에 이끌리지 않고 도처에서 자유자재하게 경계를 사용할 수 있다.

동(東)에서 나와 서(西)로 들어가고 남(南)에서 나와 북(北)으로 들어가며 가운데서 나와 가장자리〔邊〕로 들어가고 가장자리에서 나와 가운데로 들어간다.
물위 다니기를 땅 위 다니는 것같이 하고, 땅 위 다니기를 물위 다니듯 한다.

이와 같이 자유자재하게 행동한다.
어째서 그러하냐?
그것은 지·수·화·풍(地水火風) 사대(四大)가 꿈과 같고, 환(幻)과 같아서 공(空)한 줄 깨달았기 때문이다.

도(道) 배우는 여러분, 그대들이 지금 법문(法門)을 듣는 것은 그대들의 사대(四大)가 아니라 법문을 듣는 주인공이 사대를 사용할 수 있는 것이다.

만일 이와 같이 볼 수 있으면 바로 자유자재하게 가고 머문다.

내가 보는 입장으로 하면 싫어할 법(法)이 없다. 만일 성인을 좋아한다고 하면 성인이란 것은 성인의 이름에 지나지 않는다.

어떤 도(道) 배우는 사람이 오대산(五臺山) 속에 문수보살(文殊菩薩)을 친견(親見)하려고 한다면 이는 벌써 틀려버린 것이다. 오대산에는 문수보살이 없다. 너희들은 문수보살을 알고 싶으냐? 다만 너의 목전(目前)에서 작용(作用)하는 것이 시간적으로 시종(始終) 다르지 않고 공간적(空間的)으로 도처에 의심할 것이 없다. 이와 같이 작용(作用)하는 자가 바로 산〔活〕 문수이다.

너의 한 생각 차별 없이 작용(作用)하는 광명이 처처(處處)에 모두 참보현〔眞普賢〕이다.
너의 한 생각이 자기 스스로 결박(結縛)을 풀어서 도처 해탈한 것, 이것이 관음삼매법(觀音三昧法)이다.

문수(文殊)・보현(普賢)・관음(觀音) 셋이 서로 주인으로도 되고 짝이 되는 벗도 되어서[20], 출현하는 때는 일시에 출현한다. 하나가 곧 셋이요, 셋이 곧 하나다.

이와 같이 깨달으면 비로소 부처님 경전(經典)과 조사의 말씀〔祖師語錄〕을 볼 수 있다고 하겠다』

---

[20] 호위주반(互爲主伴). 관음이 주가 되어서 대비(大悲)를 행(行)할 때는 문수의 지(智)와 보현의 행(行)이 반(伴)이 되어 동시에 출현한다. 문수나 보현이 주가 될 때도 같다.

8. 스스로를 믿어 밖에서 찾지 않음

임제스님이 대중에게 가르쳐 말씀하셨다.

『오늘 도(道) 배우는 사람은 무엇보다도 스스로 믿는 것이 중요하다. 밖으로 찾아 구해서는 안 된다.

그런데 너희들은 모두 저 쓸데없는 더러운 경계(境界)에 집착하여 아주 삿(邪)된 것과 바른 것을 구별하지 못한다.

예컨대 조사(祖師)가 있다, 부처가 있다 하는 것은 다 불교의 학문 중에서 개념적, 추상적으로 하는 일이지 구체적인 현재의 사실은 아니다.

어떤 사람이 한 글귀 말을 가지고 숨고 나타난 가운데서 나오면 바로 곧 의심(疑心)을 내어 이리 생각하고 저리 생각하여 옆으로 찾아 물어서 어찌할 줄 모르고 심히 번잡스럽기만 하다.

이리저리 생각하여 밖으로 찾아 번잡스럽게 하지 말라.

대장부(大丈夫)여, 온전히 주인과 도적을 말하며, 옳다 그르다 말하며, 색(色)과 재물을 말하여 쓸데없는 말로써 허송세월을 하지 말라.

나는 여기에서는 승속(僧俗)을 문제삼지 않는다. 나에게 오는 자는 다 그들을 알아 버린다.
가령 그들이 어떠한 경지(境地)에서 온다 하더라도 그들이 사용하는 음성(音聲)과 명자(名字)와 문구(文句)는 다 꿈과 환(幻)과 같이 공(空)한 것이다.

그러나 경계를 사용하는 사람21)을 보면 이것은 모든 부처의 깊은 뜻이다. 부처의 경지(境地)는 자기가 '내가 부처의 경지다'라고 말할 수 없다.

바로 이 의지함이 없는 도인(道人)이 경계를 사용하여 나오는 것이다. 만일 어떤 사람이 나와서 나에게 부처를 구한다고 말하면 나는 바로 청정한 경지로 나투어서 나온다.

어떤 사람이 나에게 보살(菩薩)을 물으면 나는 바로 자비(慈悲)의 경지로 나투어서 나온다.
어떤 사람이 나에게 보리(菩提)를 물으면 나는 바로 정묘(淨妙)한 경지로 나투어서 나온다.
어떤 사람이 나에게 열반(涅槃)을 물으면 나는 바로 적정(寂靜)한 경지로 나투어서 나온다.

경계는 여러 가지 차별이 있지만 사람은 다르지 않다. 그러므로 '물건에 응하여 형상(形相)을 나투는 것이 물 속에 비치는 달과 같다' 한다.

---

21) 승경저인〔乘境底人 ; 경계(境界)를 타는, 즉 주체성으로써 경계를 사용하는 사람〕

도(道) 배우는 여러분, 그대들이 만일 여법(如法)하게 되고 싶거든 바로 대장부(大丈夫)가 되지 않으면 안 된다.

만일 시들시들하고 흔들흔들하여 얼빠진 것22)같이 되면 안 된다. 저 깨져서 털털하는 그릇에는 제호(醍醐)를 담을 수 없다.

큰 그릇인 인물은 절대로 타인의 혹(惑)함을 받지 않는다. 어느 곳이든지 주인공을 지으면 선 곳이 다 진실한 것이다.

모든 오는 자한테 끄달려서는 안 된다. 네가 한 생각 의심하면 바로 마(魔)가 마음에 들어가게 된다. 저 보살(菩薩)도 의심할 때는 생사의 마가 틈을 타게 된다. 다만 한 생각을 쉴 줄 알아야 한다. 절대로 밖으로 구하지 말라. 물건이 오면 바로 자성혜(自性慧)로 비추라.

---

22) 위위수수지〔萎萎隨隨地 ; 초목이 시들어서 바람에 흔들흔들 하는 모양, 즉 인혹(人惑)을 받아서 주체성이 없음을 말함〕

너희는 다만 현재에 작용(作用)하는 놈만 믿으라. 거기에는 한 가지 일도 없다.

너희들의 한 생각 마음이 삼계(三界)를 내어 연(緣)을 따라 경계를 반연하여 나투어 육진경계(六塵境界)인 색·성·향·미·촉·법(色聲香味觸法)이 된다.

너희들이 지금 응하여 작용하는 곳에 무엇이 모자란단 말인가?

한찰나〔一刹那〕사이에 바로 정토(淨土)에 들어가고 예토(穢土)에 들어가며 미륵누각(彌勒樓閣)에 들어가고 삼안국토(三眼國土)에 들어가서 도처(到處)에 돌아다니지만 아무것도 없어서 다만 텅 빈 이름뿐이라고 보는 것이다』

9. 삼신불(三神佛)을 새롭게 봄

묻되

『어떤 것이 삼안국토(三眼國土)입니까?』

하니 임제스님이 말했다.

『나는 너희들과 같이 정묘국토중(淨妙國土中)에 들어가서 청정의(淸淨衣)를 입고 법신불(法身佛)을 설한다. 또 무차별국토중(無差別國土中)에 들어가서 무차별의(無差別衣)를 입고 보신불(報身佛)을 설한다. 또 해탈국토중(解脫國土中)에 들어가서 광명의(光明衣)를 입고 화신불(化身佛)을 설한다.

이 삼안국토는 다 내가 행동하는 데에 따라서 만들어진 경계의 변화에 지나지 않는다.

경론(經論)을 연구하는 교학자(敎學者)의 입장으로는 법신(法身)을 가지고서 근본(根本)으로 삼고, 보신(報身)·화신(化身)을 용(用)으로 삼는다.
그러나 나의 견지로는 이 법신(法身)은 법(法)을 설할 줄을 모른다.

그러므로 옛사람이 말하기를 '불신(佛身)은 의의(意義)에 의해서 세운 것이고 불국토(佛國土)는 법성(法性)의 본체에 의해서 논한 것이다' 했다.

그러므로 법성(法性)의 불신(佛身)과, 법성의 불국토(佛國土)는 건립(建立)한 법(法)이고 의지(依支)해서 생각한 국토라는 것을 분명히 알 수 있다.

빈 주먹에 무엇이 들어 있는 것같이 속이고, 누런 잎사귀를 황금이라고 어린애를 속이는 것과 같다.

질려풀23)이나 마름가시24)의 마른 뼈 같은 것에서 무슨 국물을 찾는단 말인가.

마음 밖에 아무것도 없고, 안에도 아무것도 얻을 게 없다. 그런데 무엇을 구한다는 말이냐?

너희들 제방(諸方)에서는 '수행(修行)이 있고 증득(證得)함이 있다'고 말한다. 잘못해서는 안 된다. 설사 수행해서 얻는 것이 있다 해도 이것은 다 생사윤회(生死輪廻)의 업(業)이다.

또 너희들은 '육도만행(六度萬行)을 빠짐없이 다 닦는다'고 말한다. 내 견해로는 모두 업(業)을 짓는 것이다.

부처를 구하고 법(法)을 구하는 것도 바로 지옥의 업을 짓는 것이요, 보살(菩薩)을 구하는 것도 또한

---

23) 질려(蒺藜 ; 남가샛과에 속하는 일년초. 높이 1m 가량이고 잎은 대생하는데 우수 우상 복엽이며, 소엽은 4~8쌍으로 고르지 못한 타원형임. 7월에 노란 꽃이 잎 사이에 하나씩 달리어 피고 과실은 과피가 단단한데 열 개의 가시와 털이 있음. 해변의 모래땅에서 나는데 줄기는 땅에 붙어 덩굴로 뻗음)

24) 능자(菱刺)

업을 짓는 것이며, 경(經)을 읽고 교(敎)를 보는 것 또한 업(業)을 짓는 것이다.

부처와 조사(祖師)는 일이 없는 사람이다. 그러므로 불조(佛祖)에 있어서는 번뇌와 조작하는 것도 또한 이와 반대로 번뇌 없는 것과 조작이 없는 것이 다 무심무작(無心無作)의 청정한 업(業)이 되는 것이다.

눈먼 중들이 있어서 배부르게 밥 먹고, 좌선(坐禪)을 하고 관법(觀法)을 행하여 생각 일어나는 것을 꽉 잡고서 일어나지 않게 하여 시끄러운 것을 싫어하고 조용한 것을 찾는다. 그렇지만 이것은 외도법(外道法)이다.

조사(祖師)가 말하기를[25] '너희들이 만일 마음을 일어나지 않게 하여 고요한 것을 보며, 마음을 일으켜서 밖으로 관찰하며, 마음을 거두어 잡아서 안으로 맑히며, 마음을 모아 뭉쳐서 선정(禪定)에 들면 이렇게 하는 것은 다 조작(造作)이라'고 했다.

---

[25] 이하 글귀는 하택신회(荷澤神會 : 684~758)의 유명한 북종선(北宗禪) 배격(排擊)의 말

이 그대 자신이 지금 이렇게 법(法)을 듣는 사람을 어떻게 닦고 증득(證得)하며 장엄(莊嚴)하려 하느냐?

저는 닦을 수 있는 물건도 아니고 장엄할 수 있는 물건도 아니다.
만일 저로 하여금 장엄(莊嚴)하게 하면 일체 물건을 장엄할 수 있을 것이다. 이러하니 너희들은 잘못하지 말도록 하라.

도(道) 배우는 여러분, 너희들은 이 일반(一般)의 노사(老師)의 말을 갖고서 이것이 참도〔眞道〕라 하고, 이 선지식(善知識)을 불가사의라 하고, '우리는 범부(凡夫) 마음이니 어찌 감히 저 훌륭한 큰스님을 측량복탁(測量卜度)하겠는가?'라고 한다.

눈먼 어리석은 사람아, 너희들은 일생을 다만 이러한 견해를 갖고서 이 두 개의 눈을 쓰지 못 하고, 추워서 입을 다물고, 벌벌 떨면서 얼음장 위로 가는 당나귀 망아지와 같은 신세다.

'나는 감히 선지식(善知識)을 비방하지 못한다. 구업(口業) 짓는 것이 무섭다'고 한다.

도(道)를 배우는 여러분, 참으로 큰 선지식이라야 감히 부처를 비방하고, 조사(祖師)를 비방하며, 천하(天下) 선지식(善知識)을 비판하며, 경·율·론·삼장교(經律論三藏敎)를 배척하며, 어린애 같은 무리들을 꾸짖고 욕한다. 그래서 역순중(逆順中)에서 사람을 찾는다.

그러므로 나는 12년 동안에 한 개의 업성(業性)을 찾아도 개자(芥子)씨만큼도 얻을 수가 없었다.
만일 신부(新婦)가 시어머니를 무서워하는 것 같은 선사(禪師)이면 절에서 쫓겨나서 밥도 얻어먹을 수 없어서 안락하지 못함을 무서워한다.

옛날부터 선배들은 도처에서 사람이 믿지 아니하여 절에서 쫓겨나고서 비로소 훌륭한 사람인 줄 알게 되었다.

만일 도처에서 사람들이 다 좋아한다면 무슨 쓸데가 있는 선사(禪師)라 하겠는가?

그러므로 '사자(獅子)가 한 번 울면 여우들의 뇌가 찢어져 버린다'고 했다.

도(道) 배우는 여러분, 제방(諸方)에서 말하기를 '닦을 도(道)가 있고 증득(證得)할 법(法)이 있다'고 한다. 너희들은 무슨 법(法)을 증득(證得)하며 무슨 도(道)를 닦는다고 말하느냐?

네가 지금 활동하는 곳에 무엇이 모자라며, 어느 곳을 고쳐 기운다고 하느냐?
후배의 젊은 스님들은 이것을 알지 못하고 바로 들여우의 도깨비 같은 것을 믿어서 저희들이 사리(事理)를 말하여 타인을 결박(結縛)하여 말하기를 '교리(敎理)와 실행(實行)이 일치하며 몸과 입과 뜻〔身·口·意〕의 삼업(三業)을 잘 수호하여야만 비로소 성불할 수 있다'고 하는 것을 허락한다.

이와 같이 말하는 이는 봄 가랑비와 같이 많다.

옛사람이 말하기를 '길에서 도(道)를 통달한 사람을 만나면 제일로 도(道)를 말하지 말라'[26]고 했다. 그러므로 말하기를[27] '만일 사람이 도(道)를 닦으면 도는 행하여지지 않고 도리어 만 가지 삿(邪)된 경계가 서로 다투어 일어나게 된다. 반야지혜(般若智慧) 칼이 나온즉 한 물건도 없다. 밝음이 나타나지 아니하여 어둠이 바로 밝다'[28] 했다.

그러므로 옛사람은 '아무 조작 없이 평상(平常)한 마음이 도(道)다'고 말했다.

---

26) 사공산(司空山) 본정선사(本淨禪師 : 667~761)의 말. 『조당집』 권3에 있는 말

27) 이하 옛사람의 게를 인용했으나 출처 불명

28) 약인수도 도불행 만반사경 경두생 지검출래 무일물 명두미현 암두명 (若人修道道不行萬般邪境競頭生智劍出來無一物明頭未顯暗頭明). 이 옛사람 말을 아끼쯔끼로민〔秋月龍珉〕교수는 "만일 사람이 도를 수행하면 도는 행해지지 않고 도리어 모든 사경(邪境)이 앞을 다투어 나온다. 반야의 지검이 나오면 아주 한 물건도 없어져서 그 여러 가지 차별의 사경이 아직 나타나기 전에 평등한 세계가 명백하게 된다"라고 해석했는데 옛사람의 견지와는 틀리다고 나는 생각한다.
여기에 서옹스님이 착어하기를
"只知日裡點燈하고 且不知半夜潑墨이로다."
"다만 낮에 등불 켤 줄만 알고, 또한 밤중에 먹물 뿌릴 줄은 알지 못한다."

대덕(大德)이여, 무엇을 찾으려고 하느냐? 현금(現今)에 내 눈앞에서 법문(法門)을 듣는 의지함이 없는 도인(道人)이 역력하게 분명해서 조금도 모자라지 않다.

네가 만일 조불(祖佛)과 다르지 않기를 원한다면 다만 이와 같이 보고 의심하여 잘못 알지 말라.

너희들의 마음과 마음이 다르지 않음을 산〔活〕조사(祖師)라고 이름한다. 마음에 만일 다름이 있으면 마음의 본성(本性)과 현상(現象)이 다르게 된다.
그러나 마음이 다르지 않으므로 마음의 본성과 현상이 다르지 않다』

10. 마음과 마음이 다르지 않음이란?

묻되

『마음과 마음이 다르지 않음은 어떤 것입니까?』

하니 스님이 이르시기를

『네가 물으려고 할 때에 벌써 달라져 버렸다. 본성(本性)과 현상(現象)이 서로 각각 나누어져 버렸다.

도(道) 배우는 여러분, 잘못하여서는 안 된다. 세간(世間)의 모든 법(法)이나 출세간(出世間)의 모든 법(法)이 모두 본성(本性)인 자성(自性)도 없고 또 현상(現象)을 내는 본성(本性)도 없다. 다만 빈 이름뿐이고, 그 이름도 또한 공(空)한 것이다.

너희들은 오로지 저 허망한 이름을 인정하여 진실한 것을 삼는다. 이는 크게 잘못된 것이다.

설사 있더라도 모두 나를 의지(依支)하여 변(變)해 만들어진 경계에 지나지 않는다.

한낱 보리의 의지(依支), 열반의 의지, 해탈의 의지, 삼신(三身)의 의지, 경지(境智)의 의지, 보살의 의지, 부처의 의지가 있다.

너희들은 차별 없는 참사람이 작용(作用)하여 만들어낸 국토 가운데에 무슨 물건을 찾느냐? 그 근본은 없는 것이다.

삼승십이분교(三乘十二分敎), 즉 팔만대장경도 다 똥 닦는 화장지다. 부처는 영화(映畵)의 그림 같은 것이다.

조사(祖師)는 늙은 중이다. 너희들은 어머니가 낳은 진짜 산 것이 아니냐?

네가 만일 부처를 구하면 부처 마군이한테 잡히게 된다. 네가 만일 조사(祖師)를 구하면 바로 조사 마군이한테 결박을 당하게 된다.

네가 구하는 것이 있으면 다 괴롭게 된다. 일 없는 것만 같지 못하다. 조작(造作) 없이 활동하는 데 참 자유가 있다.

납자(衲子)들은 도(道) 배우는 사람에게 말하기를 '부처는 사람에 있어서 가장 극치가 되는 것이다. 삼대아승지(三大阿僧祇)라는 한량 없는 세월을 수행하여 원만히 성취한 뒤에 비로소 도(道)를 이룬 것이다'라고 한다.

도(道) 배우는 여러분, 네가 만일 말하기를 '부처는 사람에 있어서 가장 극치(極致)가 되는 것이다'고 하면 어째서 부처는 80년을 사시다가 구시라성(拘尸羅城)의 사라쌍수(沙羅雙樹)29) 사이에서 옆으로 누우셔서 돌아가셨는가?

부처가 지금 어디에 있느냐? 그러므로 부처도 우리의 생사와 다를 게 없는 것을 똑똑히 알 수 있다. 그대들은 말하기를 '32상(三十二相) 80종호(八十

---

29) 불타는 쌍(雙)으로 선 사라수 아래에서 입멸하셨다 한다.

種好)30)가 부처다' 한다. 그러면 전륜성왕(轉輪聖王)도 32상 80종호를 갖추고 있으니 부처라고 하여야 할 것이다. 그러니 이런 것은 참된 것이 아니다. 환(幻)과 같은 것임이 분명하다.

그러므로 옛사람이 말하기를 '여래(如來) 전신(全身)의 현상(現相)은 세간(世間)의 인정을 좇아서 말한 것이다.
형상(形相)을 나투어 말하지 않으면 사람들이 아무 것도 없다는 단견(斷見)31)을 낼까 걱정이 되어 방편(方便)으로 없는 이름을 내세운 것이다.

32상도 거짓말이고, 80종호도 헛소리다. 형상(形相)이 있는 몸은 진정코 깨달은 부처몸이 아니요, 형상 없는 것이 참으로 부처의 형상(形相)이다' 했다.

---

30) 훌륭한 인간의 특징을 말함이니 고대 인도에는 이 상을 가진 자는 세간에 있으면 천하를 통치하는 전륜성왕, 출가하면 무상각자가 된다고 믿었다.
31) 세계와 자아가 상주불멸(常住不滅)한다는 상견(常見)에 대해서 세계와 자아가 마침내는 절멸(絕滅)해서 허무하게 된다는 견해를 단견(斷見)이라 한다. 석존은 단상이견(斷常二見)을 여의고 중도(中道)의 정견을 교시(敎示)했다.

그대들은 말하기를 '부처는 여섯 가지 신통(神通)[32]이 있으니 이것은 불가사의한 것이다'고 한다.

그러나 모든 제천(諸天), 신선(神仙), 아수라(阿修羅), 대력귀(大力鬼)도 다 신통(神通)이 있으니 이것들도 부처라고 하여야 될 것이다.

도류(道流)여, 잘못해서는 안 된다. 저 아수라(阿修羅)가 제석천왕(帝釋天王)과 싸우다가 싸움에 져서 팔만 사천 권속(八萬四千眷屬)을 거느리고 연(蓮)뿌리 실속으로 들어가서 숨었다 하니 이것이 성인(聖人)이라 할 수 있다.
신통(神通)이 있다고 하여 아수라(阿修羅)를 성인이라고 하겠는가?

이와 같이 들어서 이야기한 것은, 모두 업(業)으로

---

32) 육통(六通). 신경통(神境通 ; 마음먹은 곳에 자유로 나투는 능력), 천안통(天眼通 ; 내세에 있는 상태를 잘 아는 능력), 천이통(天耳通 ; 세간의 모든 소리를 다 들을 수 있는 능력), 타심통(他心通 ; 타인의 마음을 아는 능력), 숙명통(宿命通 ; 과거세의 생존 상태를 아는 능력), 누진통〔漏盡通 ; 번뇌를 끊어버리고 다시 미계(迷界)에 나지 않음을 깨닫는 능력〕의 육신통(六神通). 전오통(前五通)은 제천(諸天), 신선(神仙), 외도(外道)도 있지만 제6 누진통(漏盡通)은 부처만 가짐

얻은 신통(神通), 또는 어떤 힘을 의지하여 얻은 신통들이다.

대관절 부처의 여섯 가지 신통은 그러한 것이 아니다. 색(色)을 보고도 색의 미혹(迷惑)을 받지 않고, 소리를 듣고도 소리의 미혹을 받지 않으며, 향기를 맡고도 향기의 미혹을 받지 않는다.
맛을 보고도 맛의 미혹을 받지 않고, 감촉(感觸)을 받고도 감촉의 미혹을 받지 않으며, 여러 가지 법(法)을 알아도 법의 미혹을 받지 않는다.

그러므로 여섯 가지 색·성·향·미·촉·법(色聲香味觸法)이 다 공(空)한 상(相)이어서 실체가 없는 줄 통달(通達)하면 이 의지함이 없는 도인을 잡아매어 묶을 수 없는 것이다.

이 사람은 오온(五蘊)의 육체와 마음을 가졌으나 바로 이것이 땅 위를 보행하는 신통(神通)[33]을 가진 사람이다.

---

33) 지행신통〔地行神通 ; 지상을 보행하는 평상 생활로 현현(顯現)하는 신통〕

도류(道流)여, 참부처는 형상(形相)이 없고, 참법도 형상이 없다.

네가 오로지 환화(幻化) 위에 여러 가지 조작을 하여 망령된 견지(見地)로 본다.

설사 구하여 얻었다 하여도 모두 들여우의 도깨비 같은 혼(魂)의 장난이요, 결코 참부처가 아니다. 이것은 외도(外道)의 견해이다.

대저 참으로 도(道)를 배우는 사람은 결코 부처도 취하지 않으며, 보살(菩薩)과 나한(羅漢)도 취하지 않으며, 삼계(三界)의 수승(殊勝)한 것도 취하지 않는다.

멀리 홀로 초월하여 물건에 걸리지 않나니 천지가 전복되는 일이 있어도 나는 다시 의심하지 않는다.

시방(十方)의 제불(諸佛)이 앞에 나타날지라도 한 생각 마음이 기쁠 게 없으며, 불과 칼과 피의 삼도지옥(三塗地獄)[34]이 갑자기 나타날지라도 한 생각 마음이 두려울 게 없다.

왜 이러한가?

모든 법(法)이 공(空)하여 실체가 없으며 인연에 의해서 있게 되지만, 인연 아닌 걸로 보니, 본래 없는 것임을 내가 보기 때문이다.

'삼계(三界)는 오직 마음이요, 만법(萬法)은 오직 식(識).'

그러므로 '꿈 같고, 환(幻) 같고, 허공(虛空) 꽃 같은 것을 어찌 애써 잡으려느냐?'고 했다.

삼계(三界)는 오직 마음이요, 만법(萬法)은 오직 식(識). 그러므로 꿈 같고, 환(幻) 같고, 허공(虛空) 꽃 같은 것을 어찌 애써 잡으려느냐?

---

34) 화도(火途), 혈도(血途), 도도(刀途)의 세 지옥

나의 목전(目前)에서 현금(現今) 법(法)을 듣는 사람인 바로 도(道) 배우는 여러분은 불에 들어가도 타지 않으며, 물에 들어가도 빠지지 않으며, 삼도지옥에 들어가도 공원에서 노니는 것같이 하며, 아귀도(餓鬼道)와 축생도(畜生道)에 들어가도 보(報)를 받지 않느니라. 왜 그러냐 하면 혐의(嫌疑)하는 법(法)이 없기 때문이다.

'그대들이 만일 성인(聖人)을 좋아하고 범부(凡夫)를 미워하면 생사(生死) 바다 속에 빠졌다 떴다 하게 된다. 번뇌는 마음을 인(因)하여 있는 것이니 마음이 없으면 번뇌가 어찌 구애(拘碍)되겠는가?

애써서 분별(分別)하고 상(相)에 집착하지 않고, 자연히 잠시 사이에 도(道)를 얻게 된다'라고 했다.

그대들은 밖으로 분주하게 배우려고 하면 삼아승지겁(三阿僧祇劫)이라는, 한량 없는 세월을 애써도 결국은 생사를 면할 수가 없다.

그러므로 아무 조작(造作) 없고 일 없이 해서 승당〔僧堂, 禪房〕35) 가운데의 자리에 발을 포개고 앉는 것만 같지 못하다』

---

35) 참선하는 곳

11. 선지식과 학인 간에
안목을 서로 시험함—네 가지

도류(道流)여, 만일 제방(諸方)에서 도(道)를 배우는 사람이 와36)서 서로 만나 인사를 마치고 학인(學人)이 한 글귀의 말을 하여 자기 앞에 있는 선지식(善知識)을 알아보려 한다.

학인이 건드려 보는 말을 가지고서 선지식의 입 끝에 들이대고 '잘 보십시오, 스님께서 아십니까?' 하고 말하면 선지식은 이것이 경계인 줄 알고 이것을 바로 구렁텅이 속에 던져 버린다.

학인이 태도를 바꾸어 보통으로 돌아간 다음에 선

---

36) 여제방유학인래운운(如諸方有學人來云云). 선지식과 학인의 문답상량을 사(四)의 경우로 나누어 설하는 대문. '임제(臨濟)의 사빈주(四賓主)'라고 함

지식(善知識)의 가르침을 구한다. 선지식은 여전히 빼앗아 버린다.

그러면 학인이 말하기를 '훌륭하십니다. 위대하신 선지식이십니다.'
선지식이 바로 말하기를 '너는 도무지 조백(皂白)도 모르는구나.'

만일 선지식이 경계 한 덩이를 잡아서 학인 면전에서 희롱해 보면 학인이 알아차리고 일일이 주인공이 되어서 경계의 혹(惑)을 받지 않는다.

선지식은 그때에 바로 본성(本性)을 나투어 본다. 학인(學人)이 바로 할(喝)을 한다. 그러면 선지식이 일체 차별의 말을 갖고서 두들겨 건드려 본다.

학인이 말하기를 '아무 조백도 모르도다, 이 노장(老長)이여.'

선지식이 감탄하여 말하기를 '참으로 올바른 도인(道人)이로구나' 한다.

만일 제방(諸方)에 있는 선지식이 삿(邪)된 것과 바른 것을 알지 못하고 학인(學人)이 와서 보리(菩提)·열반(涅槃)·삼신(三身)·경지(境地)에 대하여 물으면 눈먼 노사(老師)는 저 도(道) 배우는 사람에게 해설을 해준다.

저 학인(學人)은 눈먼 노사(老師)를 꾸짖는다. 노사는 바로 몽둥이를 잡아서 저를 후려치고 '무례한 놈'이라 한다.

그러나 그대 선지식이 눈이 멀었다. 학인에게 성낼 수 없는 것이다.

또 일반 조백(皂白)을 모르는 중이 있어서 바로 동(東)을 가리키고 서(西)를 가리키며 날씨 갠 것을 좋아하고 비 오는 것도 좋아하며 등롱(燈籠)과 노주(露柱)를 좋아하여 횡설수설 마구 지껄여댄다.
 그대는 잘 보아라. 눈썹이 몇 개나 있느냐?37) 이것은 까닭이 있는 것이다.

---

37) 미모유기경(眉毛有幾莖). 법문을 잘못하면 벌을 받아서 눈썹이 빠짐

학인이 알지 못하고 바로 마음이 미쳐 버린다. 이러한 무리들은 모두들 들여우의 혼(魂), 도깨비 같은 것들이다.

훌륭한 학인은 킬킬거리며 웃고 '눈먼 늙은 중이 천하(天下) 사람을 미혹(迷惑)하여 어지럽게 한다' 하고 말할 것이다.

12. 만나는 대로 죽여 해탈자재하다

   도류(道流)여, 출가(出家)한 사람은 무엇보다도 도(道)를 수행하는 것이 중요하다.
   나는 옛날에는 계율(戒律)에 대해서 마음을 두고 연구했으며, 또한 경(經)과 논(論)도 연구하여 파고 들어 찾아보았다.

   그러나 뒤에 이것은 세상을 구제하는 약이요, 그 근본(根本) 자리를 표현하는 말에 지나지 않음을 알고 일시(一時)에 내던져 버리고 바로 도(道)를 묻고 참선(參禪)을 했다.

   그 뒤에 대선지식(大善知識)을 만나서 비로소 도안(道眼)이 분명해져서 처음으로 천하 선지식들의 입장을 알아 버리고 그 삿된 것과 바른 것을 잘 분간하게 되었다.

이것은 어머니가 나면서부터 바로 안 것이 아니고 스스로 체구연마(體究練磨)한 결과 일조(一朝)에 스스로 깨달은 것이다.

도류(道流)여, 그대들이 여법(如法)한 견해를 얻고 싶으면 다만 다른 사람의 미혹(迷惑)함을 받지 말라. 안으로나 밖으로나 만나는 것은 바로 죽여라.

부처를 만나면 부처를 죽이고, 조사(祖師)를 만나면 조사를 죽이며, 나한(羅漢)을 만나면 나한을 죽이고, 부모를 만나면 부모를 죽이며, 친척(親戚) 권속(眷屬)을 만나면 친척 권속을 죽여야만 비로소 해탈하여 어떤 물건에도 구애받지 않고 꿰뚫어 해탈하여 자유자재하게 된다.

제방(諸方)에 도(道) 배우는 사람들이 물건에 의지하지 않고 내 앞에 나온 자가 없다. 내가 여기에 있어서 처음부터 의지한 물건을 쳐부순다.

손으로 작용(作用)해 나오면 손으로 작용하여 쳐부수고, 입을 통하여 작용해 나오면 입으로 작용하여 쳐부수며, 눈으로 작용해 나오면 눈으로 작용하여 쳐부순다.

손으로 작용(作用)해 나오면 손으로 작용하여 쳐부수고, 입을 통하여 작용해 나오면 입으로 작용하여 쳐부수며, 눈으로 작용해 나오면 눈으로 작용하여 쳐부순다.

어떤 물건에도 의지하지 않고 투탈자재(透脫自在)하게 나온 사람은 한 사람도 없다. 모두 저 옛사람의 쓸데없는 언구(言句) 행동에 의지하여 작용하는 사람뿐이다.

나에게는 한 법〔一法〕도 사람에게 줄 것이 없다.

다만 도(道) 배우는 사람의 병을 고쳐주고 묶여 있는 것을 풀어줄 뿐이다.

그대들 제방(諸方)에 도(道)를 배우는 사람들이여, 물건에 의지하지 말고 나와 보아라. 나는 그대들과 법(法)에 대하여 문답하고 싶다.

그러나 15년 동안에 한 사람도 없구나. 모두 풀과 잎사귀, 대와 나무에 의지한 도깨비 또는 들여우가 둔갑(遁甲)한 것들이다.38)
이것들은 일체 똥 덩이 같은 옛사람의 언구(言句)를 씹는구나.39)

눈먼 사람은 시방(十方) 재가불자의 시주(施主) 물건을 쓸데없이 받고서 나는 출가(出家)한 사람이라고 말하여 이러한 견해를 가진다.

---

38) 의초부엽운운(依草附葉云云). 옛사람의 언구 행동을 기락처(基落處)는 알지 못하고 껍데기에만 집착하여 모방하는 자를 말함
39) 향일체분괴상란교(向一切糞塊上亂咬). 고인의 언구 작략(作畧)에 마구 집착함을 꾸짖는 말

너희들에게 분명히 말한다.
'부처도 없고 법(法)도 없고 닦을 것도 없고 증(證)할 것도 없다.'
그런데 무엇을 밖으로만 구하려고 하느냐?

눈먼 사람아. 머리 위에 또 머리를 얹으려고 하는구나. 그대 무엇이 모자라는 것이 있느냐?

도류(道流)여, 내 눈앞에서 작용(作用)하는 그대 자신이 조사(祖師)인 부처와 다를 게 하나도 없다. 왜 믿지 않고 바로 밖으로만 구하느냐?

잘못해서는 안 된다. 밖에도 법(法)이 없고 안에도 얻을 게 하나도 없다.

이렇게 말하면 그대들은 나의 입으로 한 말에 집착한다.
그러나 모든 생각을 쉬어서 조작(造作) 없고 일 없이 하는 것이 제일(第一)이다.

이미 일어난 생각은 계속 하지 말라. 생각이 일어나지 않았거든 제멋대로 일어나게 해서는 안 된다.

이와 같이 한다면 10년 동안 행각(行脚)하여 수행(修行)한 것보다도 수승(殊勝)할 것이다.

13. 한 생각 마음이 무사하여
다만 평상(平常)함

    나의 견지에 의하면 여러 가지가 아무것도 없다. 다만 평상(平常) 그대로 옷 입고 밥 먹는 등 아무 일 없이 때를 지내는 것이다.

    그런데 제방(諸方)에서 온 그대들은 다 마음이 있어서 부처도 구하고 법(法)도 구하며 해탈(解脫)도 구하고 삼계(三界)를 벗어날 것을 구한다.

    어리석은 자여, 그대들은 삼계를 나와서 어디로 가려 하느냐?

    부처와 조사(祖師)는 훌륭해서 붙인 이름이다. 그대들은 삼계를 알고 싶어하느냐?

그것은 그대가 지금 내 법문(法門)을 듣는 마음 자리를 떠나서 있는 것이 아니다.

그대의 한 생각 탐내는 것이 욕계(欲界)다.
그대의 한 생각 성내는 것이 색계(色界)다.
그대의 한 생각 어리석은 것이 무색계(無色界)다.
이것은 그대 집안에 있는 도구(道具)인 것이다.

삼계(三界)는 자기 스스로 '내가 삼계다'라고 말하지 않는다. 도리어 나의 눈앞에서 분명히 여러 가지를 분별하고 세계를 비판해서 아는 사람이야말로 삼계에다 이름 지어 준다.

대덕(大德)이여, 지·수·화·풍(地水火風) 사대(四大)로 된 이 몸은 무상(無常)한 것이다. 내지 비위간담(脾胃肝膽)의 내장(內臟)과 머리카락, 털, 손톱, 이 등도 오직 모든 법(法)이 공(空)한 상(相)임을 나타낼 뿐이다.

그대들의 한 생각 쉰 곳을 보리수(菩提樹)라 부르고, 그대들의 한 생각 쉬지 못한 곳을 무명수(無明

樹)라 부른다. 무명(無明)은 어디 머문 곳이 없고 처음과 끝이 없다.

그대들이 만일 생각 생각의 마음이 쉴 수 없으면 바로 무명수에 올라가서 즉시 육도사생(六道四生)40)에 들어가 털이 나고 뿔이 난 축생이 될 것이다.

그대들이 만일 한 생각 쉴 수 있다면 바로 이것이 청정법신(淸淨法身)의 세계다.

그대들이 한 생각 내지 않으면 바로 보리수에 올라가서 삼계(三界)에 신통변화(神通變化)하여 마음대로 화신(化身)을 나투어 중생을 제도(濟度)41)하고, 법(法)의 기쁨과 선(禪)의 기쁨으로 생활42)하며, 법신(法身)의 광명은 자기 스스로 비출 것이다.

---

40) 지옥, 아귀, 축생, 수라, 인간, 천상의 육취(六趣)와 태란습화(胎卵濕化)의 사생(四生), 곧 미(迷)의 세계, 삼계(욕계, 색계, 무색계)와 같다.
41) 의생화신〔意生化身 ; 보살이 마음대로 나투는 변화신(變化身)〕
42) 법희선열〔法喜禪悅 ; 법희식(法喜食)과 선열식(禪悅食)을 말함. 법희식(法喜食)은 묘법을 애락(愛樂)하여 심(心)에 희열을 생(生)하는 것, 선열식(禪悅食)은 선정(禪定)을 얻어 심신에 희열을 생(生)하는 것〕

옷을 생각하면 비단옷이 얼마든지 있고 밥을 생각하면 백 가지 맛이 구족(具足)하여 마음대로 먹을 수가 있다. 절대로 뜻밖에 병에 걸리지 않을 것이다.

보리(菩提)는 어디든지 머문 곳이 없다.

그러므로 얻을 것은 아무것도 없다.

도류(道流)여, 대장부가 무엇을 의심한단 말인가? 눈앞에서 작용(作用)하는 이놈은 대체 어떤 놈이냐?

이것을 잡으면 바로 써서 명자(名字)에 집착하지 않는 것을 깊은 뜻〔玄旨〕이라 한다. 이렇게 볼 수 있다면 혐의(嫌疑)할 법(法)이 하나도 없다.

옛사람이 말하기를 '마음은 만 가지 경계(境界)를 따라서 전(轉)하고, 전하는 곳이 참으로 깊은 것이다. 그 마음 작용(作用)하는 곳에 그 본성(本性)을 깨달으면, 기쁠 것도 없고 근심할 것도 없다'[43]라고 했다.

---

43) 서천제22조(西天第二十二祖) 마나라존자(摩拏羅尊者)의 게(偈)

14. 선지식과 학인 간에 사(邪)와 정(正)을 서로 시험함—네 가지

도류(道流)여, 선종(禪宗)의 견해로는 죽음과 삶이 동일하면서 분명히 다르다.

참선(參禪)하는 사람은 이 점을 대단히 자세히 살피지 않으면 안 된다.

주인과 객이 서로 만나볼 적에 서로 문답하는 말을 주고받고 한다.

혹은 물건에 응하여 형상(形象)을 나툰다. 혹은 전체작용(全體作用)44)한다.

혹은 방편으로 건드려 보려고 기뻐하기도 하고 슬퍼하45)기도 한다.

---

44) 탈체현용(脫體現用) 또는 대기대용(大機大用)과 같다.
45) 파기권희노(把機權喜怒). 본래 희노(喜怒)가 없는 무심의 경지에서 교화상 권도(權道) 방편으로 희노하여 보이는 것

혹은 본성을 나투어 보이기도 한다.
혹은 근본지(根本智)인 문수보살 경지로 나툰다.[46]
혹은 차별지(差別智)인 보현보살 경지로 나툰다.

만일 진정으로 참선하는 사람이 선지식(善知識)을 보고서 바로 할(喝)을 하여 먼저 한 개의 아교풀 담은 그릇[47]을 내놓는다면 선지식은 이것이 경계(境界)인 줄 모르고 바로 그 경계에 매달려서 여러 가지 모양을 조작(造作)한다.

이것을 본 참선하는 사람은 바로 할(喝)을 한다. 그래도 선지식은 절대로 놓아 버리려고 하지 않는다.
이것은 고칠 수 없는 큰 병이다. 치료할 수가 없다. 이것을 '객이 주인을 봄이라'고 말한다. 이 경우는 참선(參禪)하는 사람인 객이 눈이 밝고 선지식인 주인은 눈이 어둡다 하겠다.

---

46) 혹승사자운운(或乘獅子云云). 사자(獅子)를 타는 것은 문수보살, 상왕(象王)을 타는 것은 보현보살, 문수는 근본지(根本智), 보현은 차별지(差別智)를 말함이니 문수는 이(理)에 당(當)하고 보현은 행(行)에 당(當)한다.
47) 교분자(膠盆子 ; 끈적끈적 붙어서 사람의 자유를 구속함을 비유한 것)

혹은 선지식이 자기 스스로 물건을 내놓지 않고 도(道) 배우는 사람의 묻는 것을 따라서 즉시 빼앗아 버린다.

도(道) 배우는 사람은 빼앗겨 버리고도 죽음을 무릅쓰고 놓지 않는다. 이것을 '주인이 객을 봄이라'고 말한다. 주인인 선지식은 눈이 밝고 도(道) 배우는 객은 눈이 어두운 경우이다.

혹은 도(道) 배우는 사람이 한 개의 청정한 경계를 가지고서 선지식 앞에 나온다. 선지식은 이것이 경계인 줄 알아 버리고 빼앗아 가지고 구렁텅이 속에 내던져 버린다.

도(道) 배우는 사람은 말하기를 '참으로 훌륭한 선지식입니다' 한다.
선지식은 즉시 말하기를 '이놈아, 아무 조백(皂白)도 모르는구나' 한다.
그러면 도(道) 배우는 사람은 바로 예배한다. 이것을 '주인이 주인을 봄이라' 말한다.

선지식도 눈이 밝고 도(道) 배우는 사람도 눈이 밝은 경우이다.

혹은 도(道) 배우는 사람이 여러 가지 교리라든가 수행과 깨달음 같은 복잡한 것을 가지고서 목에 칼 메듯, 손발을 자물쇠로 결박(結縛)하듯 선지식(善知識) 앞에 나온다.
선지식은 다시 칼과 자물쇠로 도(道) 배우는 사람을 덮어씌운다. 도(道) 배우는 사람은 감사하다고 기뻐 날뛴다.

이것은 선지식(善知識)이나 도(道) 배우는 사람이나 둘 다 알지 못하는 것이다. 이것을 '객(客)이 객(客)을 봄이라'고 말한다. 선지식도 눈이 멀고 도(道) 배우는 사람도 눈이 먼 것이다.

도(道) 배우는 여러분, 내가 이와 같이 여러 가지를 들어 말하는 것은 모두 마군이를 분별(分別)하고 이단(異端)을 가려내서 정법(正法)과 사법(邪法)을 분명히 알리기 위함이다.

15. 동(動)과 부동(不動)의 두 경계를 마음대로 쓰다

도(道) 배우는 여러분, 순일무잡(純一無雜)한 대도(大道)의 경지가 되기는 매우 어려운 일이다. 불법(佛法)은 깊고 미묘한 것이지만 여러 사람이 아는 것이 상당(相當)하다.

내가 종일토록 여러 사람을 위하여 설해 주지만 도(道) 배우는 사람은 모두 뜻이 없다. 그들은 천 번이나 만 번이나 다리 밑으로 밟고 지나지만 아주 깜깜하여 알지 못한다. 그것은 한 개의 형체(形體)도 없이 분명히 자기 자신 스스로 밝게 비춘다.

도(道) 배우는 사람은 믿음이 철저하지 못하고 바로 여러 가지 말과 이름과 글귀에 집착하여 알음알이를 낸다.

나이가 50이 되도록 오로지 옆으로 비꾸러져서 죽은 송장을 메고서 다니고 망상(妄想)이니, 불법(佛法)이니, 깨달음이니, 조사선(祖師禪)이니 하는 짐을 지고서 천하를 돌아다닌다.

이러하고서야 염라대왕이 짚신값을 청구할 날이 꼭 있을 것이다.

대덕(大德)이여, 내가 '밖을 향하여 법(法)이 없다' 하고 말하면 학인은 참뜻을 알지 못하고 바로 안으로 향하여 알음알이를 짓는다.

그래서 바로 벽(壁)에 의지해 앉아서 혀끝을 위 잇몸에 버티고 침착(沈着)하고 고요하여 동하지 않으니 이것을 가지고서 조사문중(祖師門中)의 불법(佛法)이라고 하지만 큰 잘못이다.

이렇게 네가 만일 동하지 아니하고 청정한 경계를 가지고서 옳다고 하면 너는 바로 저 무명(無明)을 알아 주인공48)을 삼는 잘못을 저지르게 된다.

---

48) 낭주〔郎主 ; 주재자(主宰者), 진인(眞人)〕

옛사람이 이르기를 '깊고 깊은 깜깜한 구덩이는 참으로 무섭고 두렵다'[49] 했는데, 이것이 그것이다.

너희들이 만일 움직이는 것을 인정하여 이것이라고 하면 모든 풀과 나무는 움직이고 있으니 이것을 당연히 도(道)라고 하여야 될 것이다.

그러므로 동하는 것은 바람의 요소이고 동하지 않는 것은 땅의 요소이다. 동하는 것과 동하지 않는 것이 다 자성(自性)이 없는 것이다.

너희들이 만일 동하는 곳에 그것을 붙잡으려고 하면 그것은 동하지 않는 곳에 서 있다.
만일 동하지 않는 곳에 그것을 붙잡으려고 하면 그것은 동하는 곳에 서 있다. 마치 샘물 속에 사는 고기가 물결을 치고 자기 스스로 팔팔 뛰고 다니는 것과 같다.

---

49) 무명의 깜깜한 깊은 구덩이는 앞에 말하는 동하지 아니하고 청정한 경계[不動淸淨境]이니 적정(寂靜)한 평등이체(平等理體)에 빠지는 선병(禪病)을 말함

동하는 것과 동하지 않는 것이 다 자성(自性)이 없는 것이다.

 대덕(大德)이여, 움직이는 것과 움직이지 않는 것은 두 가지 경계에 지나지 않는다. 실(實)로는 의지함이 없는 도인(道人)이 움직이는 것을 쓰고 움직이지 않는 것을 쓰는 것이다.

16. 네 가지 경계로 자재함

여러 방면에서 도(道) 배우는 사람이 올 적에 나의 이곳에서는 세 가지 근기(根器)로 나누어서50) 제접한다.

만일 중하근기(中下根器)의 사람이 오면 나는 바로 그 경계(境界)를 뺏고 그 법(法)을 제거하지 않는다.

혹 중상근기(中上根器)의 사람이 오면 나는 바로 경계와 법(法)을 빼앗아 버린다. 만일 상상근기(上上根器)의 사람이 오면 나는 바로 경계와 법(法)과 주인공을 다 뺏지 않는다.

---

50) 작삼종근기단(作三種根器斷). 상중하 삼근(上中下三根) 중 하근(下根)은 제(除)하고 상중(上中)을 취(取)하되 중(中)을 중상(中上) 중하(中下)로 분(分)하여 삼종(三種) 근기를 작(作)하였다. 여기에 최후의 출격견해인(出格見解人)을 가(加)하면 사종(四種)이 된다. 일종(一種)의 '사요간(四料簡)'이 된다. 단(斷)은 판단의 뜻이다.

만일 격(格)에서 뛰어난 견해의 사람이 오면 나의 이곳에서는 바로 전체작용해서 근기(根器)와는 상관이 없다.

대덕(大德)이여, 여기에 이르러서는 도(道) 배우는 사람이 전력(全力)을 다 하는 곳51)이다. 바람도 통할 길이 없고 돌불〔石火〕이나 번갯불도 오히려 느려서 따르지 못하고 지나가 버린다.

도(道) 배우는 사람이 만일 눈만 움직이면 벌써 교섭(交涉)함이 없다.

마음을 헤아리려 하면 바로 어긋나고 생각을 조금이라도 움직이면 바로 틀려 버린다. 그러나 아는 사람에게는 현재 작용하는 그것이다.

대덕이여, 그대는 발낭(鉢囊)과 똥 포대를 짊어지고 밖으로 비꾸러져서 불(佛)과 법(法)을 구한다.

---

51) 학인저력처(學人著力處 ; 도 배우는 사람이 전력을 내는 곳). 전체작용의 곳

지금 이와 같이 좇아 구하는 놈이 무엇인가를 그대는 아느냐? 활발발(活鱍鱍)하게 작용(作用)하지만 아무 근거가 없다. 모을 수도 없고 떨쳐 버릴 수도 없다.

구하면 구할수록 더욱 멀어진다. 구하지 않으면 도리어 눈앞에 역력히 작용한다.

신령스러운 소리는 귀에 들려온다. 만일 이것을 믿지 않으면 100년을 헛고생할 것이다.

도류(道流)여, 일찰나간(一刹那間)에 바로 화장세계(華藏世界)에 들어가고, 비로자나국토(毘盧遮那國土)에 들어가고, 해탈국토(解脫國土)에 들어가고, 신통국토(神通國土)에 들어가고, 청정국토(淸淨國土)에 들어가고, 법계(法界)에 들어가고, 더러운 데 들어가고, 깨끗한 데 들어가고, 범부(凡夫)에 들어가고, 성인(聖人)에 들어가고, 아귀(餓鬼)·축생(畜生)에 들어가서 도처에 찾아보아도 나는 죽는 것을 보지 못한다. 아무것도 없다. 다만 허망한 이름뿐이다.

그러므로 옛사람이 말한 것과 같이 모든 것이 환화(幻化)와 허공 꽃과 같이 허망한 것이니 잡으려고 하지 말고 득실시비(得失是非)를 모두 일시(一時)에 놓아 버려라.

17. 참답고 바르게 이루고 무너뜨리다

  도(道) 배우는 여러분, 나의 불법(佛法)은 분명히 정통(正統)을 서로 이어온 것이다. 마곡화상(麻谷和尙)52)·단하화상(丹霞和尙)·도일화상(道一和尙)·여산화상(廬山和尙)·석공화상(石鞏和尙) 들은 똑같이 조사도(祖師道)를 행하여 천하에 두루 폈다.

  그러나 사람들은 믿지 않고 모두 비방만 한다. 저 도일화상(道一和尙)의 활동하는 경지(境地)는 순일(純一)하여 잡(雜)됨이 없다. 그 회하(會下)에서 도

---

52) 여기서 말하는 선사(禪師)의 법계(法系)는 다음과 같다.

```
             ┌ 남악회양(南嶽懷讓) ─ 마조도(馬祖道) ┬ 마곡보철(麻谷寶徹)
육 조                                              ├ 귀종지상(歸宗智常)
(六朝)                                             └ 석공혜장(石鞏慧藏)
             └ 청원행사(靑原行思) ─ 석두희천(石頭希遷) ─ 단하천연(丹霞天然)
```

(道)를 배우는 삼백(三百) 오백(五百)의 사람들이 마조(馬祖)스님의 참뜻을 알지 못하였다.

저 여산화상(廬山和尙)은 자유자재하게 활동하되 참되고 바른 것을 잃지 않았다. 순(順)하여 작용하고 거슬려서 작용하되 학인(學人)은 그 경지를 측량치 못하고 다 멍할 뿐이었다.

저 단하화상(丹霞和尙)은 구슬을 놀리되 숨기기도 하고 나타내기도 한다. 학인이 오면 모두 꾸짖었다.
저 마곡(麻谷)이 작용하는 경지는 쓰기〔苦〕가 황벽(黃檗)과 같아서 다 가까이 할 수가 없었다.

저 석공(石鞏)이 작용하는 경지는 화살 끝에서 사람을 찾으므로53) 오는 사람이 다 무서워했다.

---

53) 향전두상멱인(向箭頭上覓人). 석공(石鞏)이 무릇 상당에 활〔弓〕을 당기고 할(喝)해 이르되 "화살을 보라." 이와 같이 30년을 하더니 일일(一日)에 삼평(三平)이 듣고 바로 좌하(座下)에 이르러서 문득 가슴을 헤쳐 열거늘 사(師)가 문득 활을 놓으니 평(平)이 이르되 "이것은 오히려 이 살인전(殺人箭)이어니와 어떤 것이 이 활인전(活人箭)입니까." 사(師)가 활줄을 세 번 튕기니 평(平)이 문득 예배했다. 사(師)가 이르되 "30년 일장궁양하전(一張弓兩下箭)에 금일에 반개성인(半介聖人)을 쏘았다"라고 했다.

내가 오늘 작용(作用)하는 경지는 참되고 바르게 이룩하고 무너뜨려서 신묘(神妙)하게 변화함을 자유자재하게 놀린다.

모든 경계(境界)에 들어가도 곳곳마다 일이 없어서 어떠한 경계라도 나의 경지를 바꿀 수 없다. 다만 와서 구하는 자에게는 나는 바로 나가서 저를 보지만 저는 나를 알지 못한다.

내가 몇 가지 옷을 입으면 학인(學人)은 거기에 알음알이를 내고 오로지 내 말과 글귀에 집착한다.

딱하다, 눈먼 중은 내가 입은 옷에 집착하여 푸르고 누르고 붉고 흰 줄로 안다.

내가 벗어버리고 청정(淸淨)한 경계 가운데로 들어가면 학인은 한 번 보고는 바로 기쁜 생각을 낸다.
내가 또 옷을 벗어버리면 학인(學人)은 마음을 잃고 멍하니 제정신 없이 미쳐 달아나면서 내가 옷이 없다고 말한다.

내가 바로 저에게 말하되 '그대가 나의 옷 입는 사람을 아느냐?' 하면 저가 홀연히 머리를 돌리고서 나를 알아 버린다.

대덕이여, 그대들은 옷에 집착하지 말라. 옷은 자기 스스로 움직이지 못하는 것이므로 사람이 옷을 입을 수가 있는 것이다.

청정한 옷이 있고 남이 없[無生]는 옷이 있고 보리의 옷이 있고 열반의 옷이 있고 조사(祖師)의 옷이 있고 부처의 옷이 있다. 모든 음성과 이름과 문구(文句)는 다 옷이 변한 것이다.

배꼽 아래 기해(氣海)로부터 진동(振動)하고 이가 서로 부딪쳐서 그 글귀가 되고 글귀의 뜻을 이룬다. 이것이 환화(幻化)인 것이 분명하다.

대덕(大德)이여, 음성과 말의 행위를 밖으로 발하고 마음의 작용(作用)을 안으로 나타낸다. 안의 생각으로써 항상 생각하는 것이 있다. 이것은 다 옷에 지나지 않는다.

그대가 오로지 저가 입는 옷에 집착하여 참의 알음알이를 지으면 한량(限量) 없는 세월을 지내어도 다만 껍데기 옷을 이해함이다.

삼계(三界)에 돌아다니고 생사를 되풀이하게 된다. 일 없이 하는 것이 제일 훌륭한 것이다. 서로 만나도 서로 알지 못하고 같이 말해도 서로 이름을 알지 못한다.

18. 본 마음은 불·법·도(佛法道)와 합한 것도 떠난 것도 아니다

오늘에 도(道) 배우는 사람이 옳지 못한 것은 이름이나 글자에 집착하여 분별하기 때문이다.

큰 책에다 죽은 소용없는 노스님의 말을 베껴 가지고서 세 겹 다섯 겹으로 보자기에 싸서 사람이 못 보게 하고 이것이 현묘(玄妙)한 뜻이라고 말하여 귀중하게 지니지만 큰 잘못이다.

눈멀고 어리석은 놈아, 너희는 말라빠진 뼈에서 무슨 국물을 구하려고 하느냐?

아무 조백(皂白)도 모르는 승(僧)들이 교학(敎學)으로 교리를 사량복탁(思量卜度)하여 글 뜻을 취한다.

그것은 똥 덩이를 입에 물고 다른 사람에게 토해 먹이는 것과 같다.

그것은 마치 속인(俗人)이 입으로 귀에 비밀히 말을 전하는 장난과 같아서 일생을 허송세월하게 된다.

그래도 내가 출가했다고 말하나 다른 사람이 불법을 물으면 바로 입을 다물고 말이 없으며 눈은 새까만 굴뚝과 같이 구멍만 열리고 입은 몽둥이 한일자로 다물어서 말을 못한다.

이러한 무리들은 미륵(彌勒)부처님이 세상에 나오셔도 다른 세계에 쫓겨가54) 지옥에 떨어져서 고통을 받을 것이다.

여러분들이 부산하게 여러 곳으로 다니면서 무슨 물건을 구하려고 그대로 발바닥이 널따래지도록 돌아다니는가?

---

54) 이치타방세계(移置他方世界). 『화엄현담華嚴玄談』 권7에 설함. 법을 잘못 설한 과보로 차방아비지옥(此方阿鼻地獄)에서 타방아비지옥(他方阿鼻地獄)으로 옮겨서 전전(轉轉)히 시방(十方)을 순력하여 최후에는 무간지옥에 떨어져서 천불(千佛)이 출세해도 구할 수 없다고 함

구할 만한 부처도 없으며 이룰 만한 도(道)도 없으며 얻을 만한 법(法)도 없다.

'밖으로 상(相) 있는 부처를 구하면 그대에게 마땅한 일이 못 된다. 그대의 근본(根本) 마음을 알고 싶은가? 근본 마음은 합할 것도 없고 여읠 것도 없느니라.'55)

도(道) 배우는 여러분, 참부처는 모양이 없으며 참도〔眞道〕는 몸이 없으며, 참법〔眞法〕은 형상(形相)이 없다. 이 세 가지 법은 혼합융통(混合融通)하여 한 곳에 화합한다. 이것을 알지 못하는 것을 가이 없이 망망(忙忙)한 업식(業識)의 중생이라고 부른다.

---

55) 외구유상불 여여불상사 욕식여본심 비합역비리(外求有相佛與汝不相似欲識汝本心非合亦非離). 서천제8조(西天第八祖) 불타난리존자(佛陀難提尊者)의 게(偈). 비합역비리(非合亦非離)는 본심은 본래 자기(自己)이니 새로 합할 것도 없고 여읠 것도 없다 하겠으나 종지상(宗旨上)으로서는 더욱 깊은 데 있다.

19. 부처와 법과 도의 참다운 의미

묻기를

『참부처 · 참법 · 참도는 어떠한 것입니까? 가르쳐 주시기를 바랍니다』

임제스님이 대답하셨다.

『부처는 마음 청정(淸淨)한 것이다. 법(法)은 마음의 광명이다. 도(道)는 어디에나 걸림이 없는 청정광명이다.
　이 셋은 바로 하나이다. 이것은 다 빈 이름뿐이고 참으로 있는 것이 아니다. 저 진정한 도(道) 배우는 사람은 생각 생각 마음에 간단(間斷)이 없다.

달마대사(達磨大師)는 인도로부터 중국에 온 뒤로 오직 타인의 혹함을 받지 않는 사람을 찾던 끝에 이조혜가(二祖慧可)를 만났다.

이조혜가는 달마대사의 한 말에 바로 깨닫고 비로소 지금까지 헛되게 공부에 애썼음을 알게 되었다.
나의 오늘의 견처(見處)는 조불(祖佛)과 다르지 않다.

만일 제1구(第一句) 중에서 깨달으면 조불(祖佛)에 대하여 스승이 된다.
만일 제2구(第二句) 중에서 깨달으면 인간과 천상에 대하여 스승이 된다.
만일 제3구(第三句) 중에서 깨달으면 자신도 구하지 못한다』

20. 달마스님이 서쪽에서 온 뜻은?

묻기를

『달마조사가 서방(西方) 인도로부터 오신 뜻은 무엇입니까?』56)

하니 임제스님이 대답하시되

『만일 뜻이 있다면 자기도 구(救)할 수 없다』

또 묻기를

---

56) 조사서래의〔祖師西來意 ; 달마대사가 인도에서 중국에 온 뜻. 후세에 '여하시불법대의(如何是佛法大意)'라 함에 선문답의 법식(法式)이 되었다〕

『뜻이 없다고 할 것 같으면 이조(二祖)는 어떻게 법(法)을 얻었다 하겠습니까?』

스님께서 이르시되

『얻었다는 것은 얻지 못했다는 말이다』

묻되

『얻지 못했다 말할 것 같으면 얻지 못했다는 뜻은 무엇입니까?』

스님이 대답하시되

『네가 모든 곳에 있어서 치구(馳求)하는 마음을 쉬지 못하므로 조사(祖師)가 말씀하시기를 '이놈아, 장부가 되어가지고 머리가 있는데 어리석게 머리를 찾는구나' 하시니 너희들이 이 말끝에 바로 참나로 돌아가서 참나가 스스로 비쳐서 아주 따로 구하지 아니하여 자기 몸과 마음이 조불(祖佛)과 다르지 않음을 깨닫고 바로 일이 없는 것을 법(法)을 얻었다 말한다.

여러분, 나는 지금 마지못해서 여러 가지 쓸데없는 것을 지껄여 말했다.

그대들은 어쨌든 잘못하지 말라.
나의 견처(見處)로 말할 것 같으면 참으로 여러 가지 도리(道理)가 없다. 작용(作用)하고 싶으면 바로 작용하고 작용하고 싶지 않으면 바로 쉰다.

제방(諸方)에서는 보시(布施)·지계(持戒)·인욕(忍辱)·정진(精進)·선정(禪定)·지혜(智慧)의 육도만행(六度萬行)을 말하여 불법(佛法)이라 한다.

그러나 나는 '이것은 장엄문(莊嚴門)57)이요, 불사문(佛事門)58)이지 불법(佛法)은 아니라'고 말한다.

그뿐만 아니라 계율(戒律)을 잘 지니기를 기름을 받들어 가져서59) 출렁거려 흘리지 않음과 같이, 여법

---

57) 종교적으로 장엄(莊嚴)하는 것
58) 중생 교화의 수단 방법

(如法)하고 면밀(綿密)한 수행을 하여도 도안(道眼)이 밝지 못하면 빚을 꼭 갚지 않으면 안 된다.

염마대왕(閻魔大王)이 밥값을 청구할 날이 꼭 있을 것이다.

어째서 그러한가?
'불도(佛道)에 들어와서 불법(佛法)을 통(通)하지 못하므로 몸을 바꾸어서 공양 받은 빚을 갚음이니 장자(長子)가 81세 됨에 그 나무에 버섯이 나지 않았느니라.'[60)]

---

59) 경유(擎油). 『대반열반경大般涅槃經』 22 「고귀덕왕품高貴德王品」의 왕칙(王勅)에 의하여 발우에 기름을 가득히 담아 25리나 되는, 사람이 번잡한 길을 한 방울도 흘리지 않고 통과하는 것과 같이 조심해서 수행에 전심하라고 설한 고사에 의한 말

60) 입도불통리 부신환신시 장자팔십일 기수불생이(入道不通理復身還信施長者八十一其樹不生耳). 서천제15조(西天第十五祖) 가나리파(迦那提婆)의 게다. 존자가 비라국(毘羅國)을 심방(尋訪)하니 79세의 장자(長者)가 있는데 그 정중(庭中)의 노목(老木)에 맛이 있는 나무버섯〔木耳〕이 돋아났다. 이상한 것은 그 버섯은 장자(長子)와 제2자(第二子)에게만 보이고 이것을 따면 또 났다. 이를 들은 존자는 이 게를 송(誦)했다. 이 두 사람은 일찍이 성심을 다해서 한 비구를 공양했는데 그 비구가 불법을 깨닫지 못한 과보로 몸을 나무버섯으로 바꾸어서 계속 갚았고 그 빚 갚는 일도 장자 81세가 되면 마친다고 말한 이야기다.

이러한 이야기도 있지 않은가?

또 외로운 봉우리에 혼자 지내면서 하루에 묘시(卯時) 한때만 먹고 늘 좌선(坐禪)하여 눕지도 않고 밤낮 육시(六時)로 불도(佛道)를 수행(修行)61)해도 이것은 업(業)을 짓는 사람이다.

또 자기의 머리·눈·골수(骨髓)·머리골·국성(國城)·처자(妻子)·코끼리·말과, 일곱 가지 보배62)를 다 버려서 보시하는 어려운 착한 행(行)도 이와 같은 견해는 다 몸과 마음을 괴롭히는 고로 괴로운 과보(果報)를 부른다. 일이 없어서 순일무잡(純一無雜)한 것이 제일이다.

또 십지(十地)의 수행(修行)이 과만(果滿)한 보살에 이르기까지 모든 보살이 이 도(道) 배우는 사람의 종적을 구해 보아도 아주 찾을 수가 없다.

---

61) 육시행도〔六時行道 ; 일주야(一晝夜)를 육분(六分)하여 신시(晨時), 일중(日中), 일몰(日沒), 초야(初夜), 중야(中夜), 후야(後夜)의 육시(六時)에 불도를 수행하여 예불함을 말함〕
62) 석가의 전생담. 자기 육체와 소유물을 보시(布施)하여 보시태자(布施太子)라고 불렀던 고사이다.

그러므로 제천(諸天)은 기뻐하며 지신(地神)은 발을 받들어 모시고 시방(十方)의 모든 부처도 칭찬·찬탄하신다.

어째서 그러한가? 현금(現今) 법문(法門)을 듣는 여러분, 도인(道人)의 작용(作用)에는 자취가 없기 때문이다』

21. 대통지승(大通智勝) 부처님

묻기를

『대통지승불(大通智勝佛)은 십겁(十劫)이란 한량 없는 세월을 도량에서 좌선하였지만 불법(佛法)이 현전(現前)하지 아니하여 불도(佛道)를 이룰 수가 없었다 했으니 대체 이 뜻은 무엇입니까? 가르쳐 주시기를 천만(千萬) 바랍니다』[63]

임제스님이 대답하시기를

---

[63] 대통지승불 십겁 좌도량 불법 불현전 부득성불도 미심 차의여하 걸사지시(大通智勝佛十劫坐道場佛法不現前不得成佛道未審此意如何乞師指示).『법화경』「화성유품化城喩品」의 게다. 게의 본래의 의미는 대통지승불이 무한 세월 동안 중생이 각(覺)함을 기다린다는 뜻이나 경(經)의 원의(原義)와는 달리 일찍부터 선사간(禪師間)에 문제삼았다.

『대통(大通)이란 것은 자기가 도처에서 그 모든 존재한 것이 자성(自性)이 없고 형상(形相)이 없음을 통달하는 것을 대통(大通)이라 이름하고, 지승(智勝)이란 것은 모든 곳에서 의심하지 아니하고 한 법(法)도 얻을 게 없는 것을 지승(智勝)이라 말한다.

부처라는 것은 마음이 청정하고 광명이 법계(法界)에 투철한 것을 부처라고 말한다.

십겁(十劫)을 도량에서 좌선(坐禪)하였다는 것은 십바라밀(十波羅蜜)64)이 그것이다. 불법(佛法)이 현전(現前)하지 않는다는 것은 부처는 본래 날〔生〕 것이 없고, 법(法)은 본래 멸(滅)할 것이 없다. 그러므로 새삼스럽게 불법이 현전(現前)하겠는가?

불도를 이룰 수가 없다는 것은 부처가 또다시 부처를 지을 수 없는 것이다.

옛사람이 이르되 '부처가 항상 세간(世間)에 있지만 세간법(世間法)에 물들지 않는다'65) 하였다.

---

64) 육바라밀에 선교방편(善巧方便)・원(願)・력(力)・지(智)의 넷을 더하여 십(十)이 된다.

도(道) 배우는 여러분, 그대들이 부처가 되고 싶거든 만물(萬物)에 이끌리지 말라. 마음이 생(生)하면 여러 가지 존재한 것이 생하고, 마음이 멸(滅)하면 여러 가지 존재한 것이 멸한다.

'한 마음이 나지 않으면 존재한 모든 것이 허물이 없다'고 했다.

세간(世間)에 있어서나 출세간(出世間)에 있어서나 부처도 없고 법(法)도 없다. 현전하지도 아니하고 또한 잃어버린 일도 없다. 설사 있다 해도 그것은 다 이름과 문장(文章) 글귀에 지나지 않는다.

어린애를 달래는 방편(方便)의 약이고 무엇을 표현하는 이름 글귀에 지나지 아니한다. 그리고 이름과 글귀는 제 자신이 이름과 글귀라고 하지 못한다.
그 실(實)은 나의 눈앞에서 명백하고 영묘(靈妙)하게 보고 듣고 아는 네 자신 그놈이 모든 이름과 글귀를 만들어내는 것이다.

---

65) 『여래장엄지혜광명입 일체불경계경 如來莊嚴智慧光明入一切佛境界經』에 있는 문수보살의 말

여러분, 오무간업(五無間業)을 지어서만이 비로소 해탈할 수 있다』

22. 다섯 가지 무간지옥의 업

묻기를

『오무간업(五無間業)66)은 무엇입니까?』

임제스님이 대답하셨다.

『아버지를 죽이고 어머니를 해치며 부처몸에서 피를 내고 교단(教團)의 화합(和合)을 파괴하며 경(經)과 불상(佛像)을 불사르는 등 이것이 오무간업이다』

---

66) 무간지옥에 떨어지는 오역죄(五逆罪)를 들어서 임제스님은 반대로 오대죄(五大罪)를 범함으로 참해탈 자유를 얻는다는 독자의 견해를 전개함

경(經)과 불상(佛像)을 불사르다.

묻되

『아버지는 무엇입니까?』

스님이 대답하시되

『무명(無明)이 아버지다. 너의 한 생각 마음이 일어나고 멸(滅)해 없어지는 것을 구해 잡으려고 해도 잡을 수 없어서 메아리가 허공에 울리는 것과 같아 어느 곳에든지 일이 없는 것을 아버지를 죽인다고 말한다』

묻기를

『어머니는 무엇입니까?』

스님이 대답하시기를

『탐(貪)하여 사랑하는 것이 어머니다.
 너의 한 생각 마음이 욕계(欲界) 가운데에 들어가서 활동할 때에 탐하여 사랑하는 것을 구해 보아도 모든 것이 공(空)해서 실체가 없음을 깨달아서 어느 곳이든지 집착하지 않는 것을 어머니를 해치는 것이라고 말한다』

묻기를

『부처 몸에서 피를 낸다는 것은 무엇입니까?』

스님이 대답하시기를

『네가 청정(淸淨)한 법계(法界) 가운데에서 한 생

각도 알음알이를 냄이 없어서 바로 어느 곳이든지 깜깜한 것을 부처몸에서 피를 낸다고 말한다』

묻기를

『승단화합(僧團和合)을 파괴한다는 것은 무엇입니까?』

스님이 대답하시기를

『너의 한 생각의 번뇌가 허공과 같이 의지(依支)할 곳이 없는 데에 바로 도달(到達)하는 것을 승단화합(僧團和合)을 파괴한다고 말한다』

묻기를

『경(經)과 불상(佛像)을 불사른다는 것은 무엇입니까?』

스님이 대답하시기를

『인연(因緣)이 공(空)67)하고, 마음이 공(空)68)하고, 법(法)이 공(空)한 이치69)를 보고서 한 생각을 결정해 버려서 일체를 초월하여 일이 없는 것이 바로 경(經)과 불상(佛像)을 불사른다는 것이다.

여러분, 만일 이와 같이 깨칠 수 있으면 저 범부니 성인이니 하는 이름에 구애(拘礙)되는 것을 면한다.

그대의 한 생각이 오로지 빈주먹과 달 가리키는 손가락 위에 실제로 없는 것을 있는 것같이 알음알이를 내며 육근(六根)・육경(六境)・육식(六識)의 세계 가운데서 헛되이 망상을 피운다.

그리고 자신을 열등시하고 비굴한 마음으로 말하기를 '나는 범부다. 저이는 성인이다' 한다.

머리 깎은 어리석은 놈아, 무엇을 그렇게 황급하게

---

67) 인연공(因緣空)은 인(人)과 법(法)이 구공(俱空)하다는 뜻
68) 심공(心空)은 인공(人空) 또는 아공(我空)이니 인간의 자기(自己)에는 실체인 자아가 없다는 입장
69) 법공(法空)은 존재하는 식법(識法)이 인연으로 성립하여 실체가 없다는 입장

정신(精神)을 못 차리고 저 사자(獅子) 가죽을 덮어 쓰고서 여우 우는 소리를 하는 것이냐?

당당한 대장부(大丈夫)가 장부의 기개(氣槪)를 갖지 못하고 자기 속에 있는 보배〔寶貝〕를 잘 믿지 않고 오로지 밖을 향하여 구하며 저 옛사람의 쓸데없는 말에 팔려서 옳다 그르다 분별하여, 특출나게 뛰어나서 통달하지 못한다.

경계(境界)를 만나면 바로 경계에 반연(攀緣)하고 물건을 만나면 바로 물건에 집착하여 접촉하는 곳마다 미혹(迷惑)함을 내어서 스스로 확호부동(確乎不動)함이 없다.

도(道) 배우는 여러분 내가 설한 것에 집착하지 말라. 왜 그러냐 하면 내가 설한 것은 의거(依據)할 만한 것이 없고 임시(臨時)로 허공에 그린 그림이니 마치 채색화(彩色畵)를 그리는 그림의 비유와도 같은 것이다.

도(道) 배우는 여러분, 부처를 가지고 구경(究境)을 삼지 말라. 내가 보는 것으로 말하면 마치 똥 단지와 같은 것이다. 보살과 나한은 다 죄인이 목에 거는 형틀[形具]과 자물쇠다. 사람을 결박하는 물건이다.

그러므로 문수보살(文殊菩薩)은 칼을 잡아[70] 석가모니불을 죽이려 했고 앙굴마라(鴦掘魔羅)[71]는 칼을 가지고 부처님을 해치려 하였다.

도(道) 배우는 여러분, 얻을 수 있는 부처는 없다. 그뿐만 아니라 삼승교(三乘敎)와 오성(五性)[72] 각별(各別)의 교(敎)와 원돈일승(圓頓一乘)의 교의(敎義)까지도 다 일시(一時)의 병을 따라 고치는 약과 같은 것이고 온전히 진실한 법(法)은 없다.

---

70) 문수장검(文殊仗劍). 『실적경實積經』에 있는 고사. 불타의 제자들이 부처의 계율에 집착하여 죄의식에 사로잡혀 괴로워함을 구하려고 문수가 칼을 가지고 부처를 살해하려고 한 이야기
71) 앙굴(鴦掘). 『중굴마라경中掘魔羅經』에 있는 고사. 지만외도(指鬘外道)라고 역(譯)함. 천인(千人)의 손가락을 끊어서 목걸이를 만들려다 천인(千人)만에 석존을 만나 개심(改心) 귀의했다는 이야기
72) 삼승(三乘)은 성문(聲聞)·연각(緣覺)·보살(菩薩), 오성(五性)은 법상종(法相宗)에서 말하는 중생이 선천적으로 갖추고 있는 성질이니 보살정성(菩薩定性)·연각정성(緣覺定性)·성문정성(聲聞定性)·삼승부정성(三乘不定性)·무성유정(無性有情)이다.

설사 무엇이 있다 하여도 모두 가짜다. 보고판(報告板) 같은 것이고 문자를 질서 있게 벌여놓은 것이어서 오직 그렇게 설(說)한 것에 지나지 않는다.

도(道) 배우는 여러분, 어떤 중들은 바로 속으로 향하여 노력하여서 출세간(出世間)의 불법(佛法)을 구하려 한다. 그러나 잘못이다.

만일 사람이 부처를 구하면 그 사람은 부처를 잃을 것이다.
만일 사람이 도(道)를 구하면 그 사람은 도를 잃을 것이다.
만일 사람이 조사(祖師)를 구하면 그 사람은 조사를 잃을 것이다.

여러분 잘못하지 말라.
나는 그대들이 경(經)과 논(論)을 이해하는 것을 인정하지 않는다.
나는 또한 그대들이 국왕(國王) 대신(大臣)이라도 인정하지 않는다.

나는 또한 그대들이 폭포물 쏟듯 웅변(雄辯)하는 것을 인정하지 않는다.
나는 또한 그대들의 총명한 지혜를 인정하지 않는다. 오직 그대들에게 진정한 견해를 요망할 뿐이다.

도(道) 배우는 여러분, 설사 백부(百部)의 경(經)과 논(論)을 잘 이해할 수 있다 하여도 한 사람의 일 없는 스님에게 미치지 못한다.

그대들이 아는 것이 있으면 바로 다른 사람을 경멸히 여겨서 승부를 다투는 아수라(阿修羅)가 된다.
그래서 나다, 너다 하는 깜깜한 마음으로 지옥에 떨어지는 악업을 더욱 더욱 짓는다.

선성비구(善星比丘)73)는 팔만 사천 법문을 이해하였지만 산 채로 지옥에 떨어져서 대지(大地)도 용납할 수 없었다.

---

73) 『열반경涅槃經』「가엽보살품迦葉菩薩品」에 있는 이야기. 선성비구는 널리 경론(經論)을 이해하였으나 자기를 깨닫지 못했기 때문에 악우(惡友)를 가까이 해서 마침내 지옥에 떨어졌다 함

일이 없이 조작(造作)함이 없이, 쉬어 버리는 것이 제일이다.

'배 고프면 밥 먹고 잠이 오면 잠잔다. 어리석은 사람은 나를 비웃는다. 그러나 지혜 있는 사람은 알아 준다'74) 하고 옛사람도 노래했다.

도(道) 배우는 여러분, 문자 가운데 구하지 말라. 구하는 마음이 동하면 피로하게 되고 찬 기운만 마셔서 이익이 없다. 한 생각 연기(緣起)로 된 모든 법(法)은 본래 날 것도 없는 줄 깨달아서 삼승(三乘)의 방편설(方便說)을 배우는 보살을 초월하는 것이 제일이다.

여러분, 우물쭈물 날을 헛되이 보내지 말라. 나도 옛날에 깨닫지 못했을 때에 깜깜해서 아득했었다.

광음(光陰)을 헛되이 보낼 수가 없어서 뱃속은 불이 나고 마음은 바빠서 부산하게 도(道)를 찾아 물었다. 그러한 후에 훌륭한 선지식(善知識)의 법력(法

---

74) 기래끽반 수래합안 우인 소아 지내지언(飢來喫飯睡來合眼愚人笑我智乃知焉). 남악라찬화상(南嶽懶瓚和尙)의 「낙도가樂道歌」

力)을 입어서75) 비로소 오늘 여러분과 이와 같이 이야기할 수 있게끔 된 것이다.

 도(道) 배우는 여러분에게 권하노라. 의식(衣食)을 위해서 살지 말라.

 보라, 이 세상은 쉽게 지나가 버리고 선지식은 만나기가 어렵다는 말은 우담화(優曇華)가 3,000년만에 한 번 꽃 피는 것과 같이 희유(希有)함을 가리킴이다.

 그대들은 제방(諸方)에서 임제 늙은 중이 있다는 말을 듣고 와 가지고서 바로 문답을 하여 내가 말문이 꽉 막히게 하려 한다.

 그런데 내가 전체작용(全體作用)을 하면 도(道) 배우는 사람은 눈만 부질없이 뻔히 뜨고 입은 도무지 움직이지 못한다.

---

75) 득력〔得力 ; 당대(唐代)에는 사람 덕택을 입었다는 뜻〕

멍하니 어떻게 나에게 대답할 줄을 알지 못한다. 그래서 나는 저에게 말한다.

'큰 코끼리가 힘껏 밟는 것은 나귀는 할 수 없는 것이다.'

그대들은 여러 곳에서 다만 가슴을 가리키고 갈빗대를 두드리면서, '나는 선(禪)을 잘 알고 도(道)를 잘 안다'라고 큰소리 치나 두 사람이건 세 사람이건 여기에 와서는 어찌 할 줄을 모른다.

이 어리석은 놈아, 그대들은 이 훌륭한 몸과 마음을 가지고서 도처에 입을 까불어서 착한 여러 사람을 속인다.
염라대왕의 철봉(鐵棒)을 얻어맞을 날이 꼭 올 것이다. 출가한 사람이라고 말할 수 없다. 모두 아수라세계(阿修羅世界)로 들어가게 된다.

구경궁극(究竟窮極)의 진리인 불도(佛道)는 논쟁을 해서 위세 당당하게 선전하고 소리를 높이 해서 외도(外道)를 꺾어 항복 받을 필요가 없다.

역대 불조(佛祖)가 서로 전해 이어 내려온 것은 도무지 특별한 뜻은 없다. 설사 말과 가르침이 있지만 이것은 삼승(三乘)이라든가 오성(五性)이라든가 인간계(人間界)·천상계(天上界)의 인과(因果)의 세계에서 교화(敎化) 의식의 필요로 이룩된 것이다.

그런데 대승최고(大乘最高)의 원돈교(圓頓敎)는 절대로 그러한 것이 아니다. 선재동자(善財童子)는 53선지식(善知識)에게 법(法)을 구해 돌아다닌 것이 아니다.76)

여러분, 잘못된 용심(用心)을 하지 말라.
큰 바다가 죽은 송장을 머물러 두지 않는 것과 같이 하라.

---

76) 개불구과(皆不求過). 『화엄경』 「입법계품」에 선재동자가 53인 선지식을 역방구도(歷訪求道)한 것은 삼승(三乘) 오성등(五性等)의 단계적 수행을 설하는 화의법문(化儀法門)을 구(求)하여 순력(巡歷)한 것이 아니고 일념(一念)에 삼승권학(三乘權學)을 초출(超出)한 원돈일승(圓頓一乘)의 교법(敎法)을 구한 것이다. 그러므로 선재(善財)는 밖으로 법(法)을 구한 것이 아니고 본구(本具)의 자기심법(自己心法)을 각(覺)한 것이므로 일백십성(一百十城)을 지나서 53선지식을 순력(巡歷)했다. 하지만 그 53인은 한 사람도 밖으로 구(求)하여 간 것이 아니라는 뜻이다.

오로지 죽은 송장 같은 알음알이 말 가르침의 짐을 짊어지고 천하를 돌아다니려고 하여 스스로 진정한 견해의 장해(障害)를 만들어서 마음이 자유자재함을 잃어버린다.

태양 위에 구름이 없으면 화창한 하늘을 두루 비추고 눈에 눈병이 없으면 허공 속에 허공 꽃이 없다.

도(道) 배우는 여러분, 그대들이 여법(如法)함을 얻으려면 다만 의심을 내지 말라.

'펴면 법계(法界)를 두루 휩싸고 거두면 실터럭만 한 것도 용납할 수 없다.'[77]

역력히 자기 자신 홀로 밝아서 한 번도 부족함이 없었다.
눈으로도 보지 못하고 귀로도 듣지 못한다. 무슨 물건이라고 부르겠느냐?[78]

---

[77] 전칙미륜법계 수칙사발불립(展則彌綸法界收則絲髮不立). 우두법융(牛頭法融)의 「절관론絶觀論」의 구(句)
[78] 배도선사(杯渡禪師)의 「일발가一鉢歌」의 구(句)

옛사람이 말하기를[79] '한 물건이라고 말해도 맞지 않는다' 했다.

그대들이 다만 자기 스스로 보라.
이밖에 무엇이 있겠는가. 아무리 말해도 한정이 없다. 각자가 힘써라. 진중(珍重)하라』

---

79) 남악회양(南嶽懷讓)의 말

감변(勘辨)

간파(看破)하여 분별(分別)함

1. 황벽(黃檗)스님과 임제(臨濟)스님 간의 살아 있는 어구(語句)

황벽(黃檗)스님이 부엌에 들어갔을 적에 공양주(供養主)에게 물었다.

『무엇을 하고 있느냐?』

공양주는 말하기를

『대중 스님의 공양미(供養米)를 가리고 있습니다』

황벽이 말씀하기를

---

*감변〔勘辨 ; 선객(禪客)이 서로 깨달음에 참과 거짓, 체험의 깊고 얕음을 감정(鑑定)하여 분별하기 위해서 하는 문답을 말함〕

『하루에 얼마나 먹느냐?』

공양주가 말하기를

『두 섬 닷 말 먹습니다』

황벽스님이 말씀하시기를

『대단히 많지 않느냐?』

공양주가 말하기를

『오히려 적다고 생각합니다』

황벽스님이 바로 때렸다.
공양주는 그러한 뒤에 임제스님에게 이 일을 말했다.
스님이 말씀하셨다.

『내가 그대를 위해서 이 늙은이를 감정(鑑定)해 주겠다』

임제스님이 가서 황벽스님 옆에 모시고 서자마자 황벽스님은 앞에 있었던 이야기를 했다.

임제스님이 말하기를

『공양주는 알지 못합니다. 스님께서 대신해서 일전어(一轉語)1)를 말씀해 주시기 바랍니다』

하고 바로 임제스님이 물었다.

『대단히 많지 않습니까?』

황벽스님이 말씀하셨다.

『왜 이렇게 이르지 않는가? '내일 한 번 더 먹습니다'라고』

임제스님이 말씀드리기를

---

1) 대일전어(代一轉語). 대사(大死)한 경지에서 전회(轉廻)하여 대활현전(大活現前)하게 할 수 있는 어구를 일전어라 한다.

『무슨 내일을 말씀할 게 있습니까? 바로 지금 잡수시지요』

그리고는 바로 손바닥으로 후려갈겼다.
황벽스님이 말씀하시기를

『이 미친놈이 또 여기에 와서 호랑이 수염을 만지는구나』

임제스님이 바로 할(喝)하고 나갔다.

* * *

이러한 뒤에 위산(潙山)2)이 앙산(仰山)3)에게 물었다.
『이 두 큰스님의 참뜻이 무엇이겠는가?』
앙산스님이 여쭙기를

---

2) 담주위산(潭州潙山)에 주한 영우선사(靈祐禪師 : 771~853). 백장회해의 법사. 임제의 사(師)인 황벽과는 동참(同參)이다.
3) 위산(潙山)의 법사. 원주앙산(袁州仰山)에 주(住)한 혜적선사(慧寂禪師 : 807~883). 스승인 위산과 함께 위앙종(潙仰宗)의 개조(開祖)가 되고 그 사제 간의 친밀한 종풍(宗風)은 고래로 '위앙부자(潙仰父子)'의 말이 있을 정도이다.

『스님께서는 어떻게 생각하십니까?』

위산스님이 말씀하시기를

『자식을 길러보고서야 바야흐로 아버지 사랑을 아는 것이다』

앙산스님이 여쭙되

『저는 그렇게 생각지 않습니다』

위산스님이 말씀하기를

『자네는 그러면 어떻게 생각하는가?』

앙산이 여쭙기를

『도적놈을 집에 넣어 두었다가 집을 절단내는 거와 똑같습니다』

2. 불자(拂子)를 추켜세움

임제스님이 승(僧)에게 물으셨다.

『어디서 왔느냐?』

승(僧)은 바로 할(喝)을 했다. 임제스님은 바로 승(僧)에게 앉으라 하고 깍지끼고 읍(揖)하여 인사[4]했다.
승(僧)은 무엇이라고 말을 하려 했다.
임제스님은 바로 쳤다.
임제스님은 승(僧)이 오는 것을 보고 바로 불자(拂子)를 세웠다.

---

[4] 사편읍좌(師便揖坐). 사(師)가 문득 읍(揖)하고 스스로 앉은 것이라 함은 잘못이고 사(師)가 깍지 끼어 손을 상하로 동작(動作)해서 인사(人事)하여 승(僧)을 앉으라 한 것이다.

승(僧)은 절을 했다. 임제스님은 바로 쳤다.
　또 다른 승(僧)이 오는 것을 보고 똑같이 불자(拂子)를 세웠다. 승(僧)은 돌아보지 않았다. 임제스님은 마찬가지로 쳤다.

3. 보화(普化)스님과 더불어 재(齋)에 참석

임제스님이 하루는 보화(普化)스님5)과 같이 재가불자 [시주(施主)]의 집에서 재공양(齋供養)6)의 청을 받고 갔을 적에 임제스님이 물었다.

『'한 머리털이 큰바다를 삼켜 버리7)고, 한 개자(芥子)씨에 수미산(須彌山)을 집어넣8)는다'고 말하니 대체 이것은 신통묘용(神通妙用)으로 그러한 것이오, 본래의 체성(體性)이 그러한 것이오?』

---

5) 반산보적(盤山寶積)의 법사
6) 시주가재(施主家齋 ; 재가불자가 스님들을 초청하여 공양하는 식사)
7) 모탄거해(毛呑巨海)
8) 개납수미(芥納須彌)

보화스님은 밥상을 밟아 넘어뜨렸다.
임제스님이 말씀하시기를

『대단히 거칠구나』

보화스님은 말씀하기를

『여기를 어디라 생각하고 거칠다 말하며 세밀하다 말하는 거요』

다음날 임제스님은 또 보화스님과 같이 재공양(齋供養)하시러 갔다.
임제스님이 물었다.

『오늘 공양은 어제와 비교하여 어떻소?』

보화스님은 또 전날과 같이 밥상을 밟아 넘어뜨렸다.
임제스님이 말씀하셨다.

『옳기는 옳소이다만 대단히 거칠구려』

보화스님은 말씀하기를

『이 눈먼 자여, 불법(佛法)에 무슨 거칠다 세밀하다고 말하는 거요?』

임제스님은 혓바닥을 토(吐)해 냈다.

4. 세 선사(禪師)에 대한 보화(普化)스님의 평가

임제스님이 하루는 하양장로(河陽長老)와 목탑장로(木塔長老)9)와 함께 승당〔僧堂, 禪房〕 안의 화롯가〔火爐邊〕에 앉아서 스님이 말하기를

『보화스님은 날마다 시가(市街)에서 미친 행동을 하는데, 대체 범부(凡夫)인가, 성인(聖人)인가?』

하고 말〔言〕했다. 이 말〔言〕이 미처 끝나기도 전에 보화스님이 들어왔다. 그때에 임제스님이 물었다.

『그대는 범부(凡夫)요, 성인(聖人)이오?』

---

9) 이 두 장로(長老)는 전기(傳記)가 불명(不明)하다.

보화스님은 말했다.

『자! 그대 말해 보오. 내가 범부요, 성인이오?』

임제스님은 바로 할(喝)을 했다.

보화스님은 손으로 가리키면서 말했다.

『하양장로(河陽長老)는 새며느리 선(禪)10), 목탑장로(木塔長老)는 할머니 선(禪)11), 임제(臨濟)스님은 어린애12)이지만 한쪽 눈을 갖추었구나』

임제스님이 말하기를

『이 도적(盜賊)놈아』

했다.

---

10) 신부자(新婦子 ; 주체성이 없는 새며느리)
11) 노파선〔老婆禪 ; 늙은 할머니가 손자를 사랑하는 것과 같이 너무 친절한 선(禪)〕
12) 소시아〔小廝兒 ; 시(廝)는 비천(卑賤)하다는 뜻〕

보화스님도

『도적(盜賊)아 도적(盜賊)아』

하고 바로 나갔다.

5. 보화(普化)스님이 생나물을 먹다

어떤 날 보화스님이 승당〔僧堂, 禪房〕앞에서 생채(生菜)를 먹고 있었다. 임제스님이 보고 말했다.

『흡사 당나귀와 꼭같구나』

보화스님은 바로 당나귀 울음소리를 냈다. 임제스님이 말했다.

『이 도적(盜賊)놈아』

보화스님은 말하기를

『도적(盜賊)아 도적(盜賊)아』

하고 바로 나갔다.

6. 보화(普化)스님이 요령을 흔들다

보화(普化)스님이 매양 시가(市街)에서 요령(搖鈴)을 흔들면서

『밝은 것으로 오면 밝은 것으로 쳐부수13)고, 어두운 것으로 오면 어두운 것으로 쳐부수14)며, 사방팔면(四方八面)15)에서 오면 회오리바람처럼 자유자재하게 두루 두루 쳐부수고16), 허공(虛空)17)으로 오면 계속적으로 쳐부순다』

---

13) 명두래명두타〔明頭來明頭打 ; 명두(明頭)는 편위(偏位), 타(打)는 탈(奪), 살(殺)의 뜻〕
14) 암두래암두타〔暗頭來暗頭打 ; 암두(暗頭)는 정위(正位), 타(打)는 탈(奪), 살(殺)의 뜻〕
15) 여러 가지 차별 경계(境界)
16) 선풍타〔旋風打 ; 여러 가지 차별에 대하여 자유자재하게 쳐부순다는 뜻〕
17) 아무 종적(蹤跡)이 없는 경지

고 말하므로 임제스님은 시자(侍者)를 보내어 보화스님이 이와 같이 말함을 보고는 바로 움켜쥐고 이렇게 말하라고 했다.

『모두 이렇게 오지 않는 때는 어떻게 합니까?』

보화스님은 시자(侍者)를 밀쳐놓아 버리고 말했다.

『내일 대비원(大悲院)18)에서 재공양(齋供養)이 있느니라』

시자가 돌아와서 임제스님에게 보고한즉, 임제스님이 말했다.

『나는 벌써부터 그 자를 보통이 아니라고 생각했다』

---

18) 진주(鎭州)에 있는 작은 절. 후에 삼성(三聖)의 제자가 주(住)한 곳

7. 일이 없다고 말하지 않음이 좋다

어떤 노(老)스님이 임제스님에게 참(參)하여 뵈었다. 아직 처음 인사하기도 전에 바로 물었다.

『예배(禮拜)하는 것이 좋습니까, 예배하지 않는 것이 좋습니까?』

임제스님이 바로 할(喝)하니 노스님은 바로 예배했다. 임제스님이 말했다.

『훌륭한 민간(民間)의 도적이로구나』

노스님은

『도적(盜賊)아 도적(盜賊)아』

하고 바로 나가 버렸다. 임제스님이 말했다.

『무사했다고 말하지 않음이 좋다』

그때 수좌(首座)가 모시고 서 있었으므로 임제스님이 말했다.

『지금 서로 법담(法談)한 데에 허물이 있는가?』

수좌가 말했다.

『있습니다』

임제스님이 말했다.

『손님에게 허물이 있는가, 주인에게 허물이 있는가?』

수좌가 말했다.

『두 사람이 다 허물이 있습니다』

임제스님이 말했다.

『어디에 허물이 있는가?』

수좌는 바로 나가 버렸다. 임제스님이 말했다.

『무사했다고 말하지 않는 것이 좋으니라』

뒤에 어떤 승(僧)이 남전(南泉)스님19)에게 이 일을 말했다. 남전스님이 이르시기를

『준마(駿馬)와 준마가 서로 밟음이로다』20)

---

19) 지주남전산(池州南泉山)에 주(住)한 보원선사(普願禪師 : 748~834). 마조(馬祖)의 법사
20) 관마상답〔官馬相踏 ; 관마(官馬)는 모두 준마(駿馬)이다. 준마끼리 서로 밟는다는 뜻〕

8. 군영(軍營)에 들어가 재에 참석

임제스님이 군인들이 있는 진중(陣中)에 재공양(齋供養)의 초청을 받고 갔을 때[21]에, 문전에서 한 군인을 만나자 노주(露柱)[22]를 가리키면서 물었다.

『범부(凡夫)냐, 성인(聖人)이냐?』

군인은 말이 없었다. 스님은 기둥을 치고 이르시되

『가령 잘 대답했어도 다만 이 나무토막이다』

하고 문(門)으로 들어갔다.

---

21) 하북의 신흥무인사회에서 난세에 선법(禪法)을 설한 임제스님은 진중(陣中)에 재공양(齋供養)의 초청(招請)을 받았었다.
22) 드러난 기둥

9. 황미(黃米) 판 것에 대하여

임제스님이 원주(院主)23)에게 물었다.

『어디 갔다 왔느냐?』

원주는 대답했다.

『주(州)의 수부(首府)에 황미(黃米)24)를 팔러 갔다 왔습니다』

임제스님이 말했다.

---
23) 감원(監院) 또는 감사(監寺)라고도 함. 주지는 주로 법(法)을 맡아서 대중을 지도하고 원주는 주로 행정을 맡아서 주지를 보좌(補佐)함
24) 누런 쌀. 황미(黃米)는 미(米)의 일종이요, 고미(古米)가 아님

『다 팔았느냐?』

원주는 대답했다.

『다 팔았습니다』

임제스님은 주장자(柱杖子)를 가지고 그의 앞에 한일자를 긋고 말했다.

『이것을 팔 수가 있겠느냐?』

원주는 바로 할(喝)을 했다. 임제스님은 바로 후려갈겼다.
전좌(典座)가 왔다. 임제스님은 이 이야기를 했다. 전좌는 말하기를

『원주(院主)는 스님의 뜻을 모릅니다』

임제스님이 말했다.

『그대는 어떠하냐?』

전좌(典座)는 바로 절을 했다. 임제스님은 똑같이 후려갈겼다.

10. 강사(講師)에게 물음

강사(講師)가 와서 서로 만나 보았을 적에 임제스님이 물었다.

『강주(講主)는 무슨 경론(經論)을 강(講)하는가?』

강사는 말했다.

『저는 거칠고 실속이 없으나『대승백법명문론大乘百法明門論』[25])을 대강 연구했습니다』

임제스님이 말했다.

---
25) 백법론(百法論).『대승백법명문론大乘百法明門論』이니 인도의 세친(世親)의 저(著)를 현장이 한역한 유식(唯識)의 서적(書籍)

『어떤 사람은 삼승십이분교(三乘十二分敎)를 밝게 통달(通達)하고, 어떤 사람은 삼승십이분교를 밝게 통달하지 못했다 하자. 이 두 사람은 같은가 다른가?』

강사는 말했다.

『밝게 통(通)하면 같고 밝게 통하지 못하면 다릅니다』

그때에 낙보(樂普)26)가 시자(侍者)로 있어서 스님 뒤에 서 있다가 말했다.

『강주(講主)여, 여기가 어디인데 같다고 말하고 다르다고 말합니까?』

임제스님이 돌아보고 시자에게 물었다.

---

26) 낙포(洛浦) 또는 낙포(落蒲)라고도 씀. 예주(澧州) 낙보산(樂普山)에 주(住)한 원안선사(元安禪師 : 834~898). 협산선회(夾山善會)의 법사

『너는 어떠하냐?』

시자는 바로 할(喝)을 했다.
임제스님이 강사(講師)를 전송하고 돌아와서 시자에게 물었다.

『아까 너는 나에게 할(喝)했느냐?』

시자는 말했다.

『그렇습니다』

임제스님은 바로 후려갈겼다.

11. 덕산(德山)스님의 삼십 방(棒)

임제스님은 제2대의 덕산(德山)스님27)이 대중에게 법문〔垂示法門〕28)하기를

---

27) 낭주덕산고덕선사(朗州德山古德禪寺)에 주(住)한 선감선사(宣鑑禪師 : 780~?, 일설은 782~865). 용담숭신(龍潭崇信)의 법사. 임제할 덕산 방(臨濟喝德山棒)으로 선문(禪門)에서 유명하다. 제1대 덕산은 뒤에 담주삼각산(潭州三角山)에서 주(住)한 덕인선사(德印禪師 ; 마조의 법사)이다.
28) 문하(門下) 대중에게 하는 설법. 시중(示衆)이라고도 함

『잘 말할 수 있어도 30방(棒)29)을 후려갈기고, 잘 말하지 못해도 30방(棒)을 후려갈긴다』

고 말함을 듣고 낙보(樂普)를 덕산스님에게 보내서

『잘 말할 수 있어도 어째서 30방(棒)을 후려갈깁니까?』

하고 묻고, 덕산스님이 때리려고 하거든 몽둥이를 받아 잡고서 한 번 밀쳐 버리고 덕산스님이 어찌하는가 보고 오라고 시켰다.

낙보는 거기에 가서 가르친 대로 물었다. 덕산스님은 바로 후려갈겼다. 낙보는 그 몽둥이를 받아 잡고 한 번 밀쳐 버렸다.

덕산스님은 바로 방장실로 가버렸다. 낙보는 돌아와서 임제스님에게 보고한즉, 스님이 말했다.

『나는 전부터 이 사람을 보통이 아니라고 의심했다. 그것은 그렇다 하고 너는 덕산(德山)을 잘 보았30)느냐?』

---

29) 30은 반드시 실제의 수(數)는 아니다.

낙보가 무엇이라고 말하려 하니까 임제스님은 바로 후려갈겼다.

---

30) 덕산의 경지(境地)를 잘 보았느냐 하고 묻는 말이다.

12. 경(經)도 보지 않고 참선(參禪)도 하지 않다

왕상시(王常侍)가 어떤 날 임제스님을 방문했다. 스님을 승당〔僧堂, 禪房〕 앞에서 만나 뵙고는 물었다.

『이 승당〔僧堂, 禪房〕 스님들은 대체 경(經)을 봅니까?』

임제스님이 말했다.

『경(經)을 보지 않느니라』

왕상시는 말했다.

『참선(參禪)을 합니까?』

임제스님이 말했다.

『참선(參禪)하지 않느니라』

왕상시는 말했다.

『경(經)도 안 보고 참선(參禪)도 하지 않으면 필경(畢竟) 무엇을 합니까?』

임제스님이 말했다.

『모두 저 사람들을 부처로 되게 하고 조사(祖師)로 되게 하느니라』

왕상시는 말했다.

『금가루는 귀중하지만 눈에 들어가면 눈병이 된다고 하는데, 이것은 어떠합니까?』

임제스님이 말했다.

『그대를 속인(俗人)이라고만 생각했더니…….』31)

---

31) 장위니시개속한(將爲你是箇俗漢 ; 의외로 훌륭한 사람이란 뜻).『송원록松源錄』에는 '장위니시개속한(將爲你是箇俗漢)'이 '원래시아가리인(元來是我家裏人)'으로 고쳐 있음. 장(將)은 유(惟)의 뜻

13. 본래의 마음이란?

임제스님이 행산(杏山)32)에게 물었다.

『노지백우(露地白牛)33)는 무엇인고?』

행산스님은 말했다.

『음매— 음매—』34)

---

32) 탁주행산감홍선사(涿州杏山鑑洪禪師). 운암담성(雲岩曇晟 : 780~841)의 법사
33) 『법화경』「비유품譬喩品」에 있는 이야기. 장자(長者)가 노는데 골몰하고 있는 아이들을 화택중(火宅中)에서 피난(避難)케 하는 노지〔露地 ; 생사의 화택(火宅)을 해탈한 경지〕에 대백우〔大白牛 ; 본구(本具)의 심우(心牛), 본래 법화일승(法華一乘)의 불도를 비유한 말〕의 차(車)가 있다고 유인(誘引)한 고사
34) 우우(吽吽). 소 우는 소리

임제스님이 말하기를

『벙어리인가?』

행산스님이 말하기를

『장로(長老)는 어떠합니까?』

임제스님이 말하기를

『이 축생(畜生)아』

14. 몽둥이〔棒〕와 할소리〔喝〕

임제스님이 낙보(樂普)스님에게 물어 말씀하셨다.

『옛적부터 한 사람은 몽둥이로 때리고, 한 사람은 할〔喝〕을 했다. 어느 쪽이 친(親)하냐?』

낙보스님이 말했다.

『모두 친하지 않습니다』

임제스님이 말씀하셨다.

『그러면 친한 것은 어떠한 것이냐?』

낙보스님은 바로 할(喝)했다. 임제스님은 그때에 후려 갈겼다.

15. 멍청하여 지혜 없음에 대하여

임제스님은 승(僧)이 오는 것을 보고 두 손을 쩍 벌렸다. 승(僧)은 말없이 잠자코 있었다.
임제스님이 말했다.

『알겠느냐?』

승(僧)이 대답하기를

『모르겠습니다』

임제스님이 말했다.

『도무지 어찌할 수 없는 이 멍청한 놈아35), 너에게 돈 두 푼을 주마』

---

35) 혼륜벽불개(渾崙擘不開). 혼륜산(渾崙山)은 찢어버릴 수가 없다. '어찌할 수 없는 멍청아' 하고 꾸짖는 말. 벽불개(擘不開)는 벽개부득(擘開不得)의 뜻

16. 대각(大覺)스님이 와서 참례함

　대각(大覺)스님이 와서36) 임제스님을 뵈었다. 임제스님은 불자(拂子)를 세웠다.
　대각스님은 예배할 양으로 좌구(坐具)37)를 폈다. 임제스님은 불자(拂子)를 던져 버렸다. 대각스님은 좌구를 거두어 갖고 승당〔僧堂, 禪房〕으로 들어갔다.
　대중 스님들은 이것을 보고 말했다.

---

36) 대각도참〔大覺到參 ; 대각(大覺)은 송판(宋版)『전등록傳燈錄』에는 황벽(黃檗)의 법사로 되어 있으니 임제와는 동문형제 간의 친구이다. 그러나 원판(元版) 이후의『전등록傳燈錄』과 명판(明版)의『광정록廣灯錄』에는 본록(本錄)에 의하여 임제의 제자로 되어 있다. 도(到)는 임제선사에 도착했다는 말이다. 참(參)은 웃어른 뵈임을 말함이요, 반드시 스승으로 모시고 참선(參禪)하는 뜻은 아니다. 선배 혹은 동배(同輩)와 문책상량(問策商量)하는 경우도 있다〕

37) 예배할 때에 펴 깔고 그 위에서 절하는 물건

『이 스님은 방장 스님과 친구가 아닌가? 예배도 하지 않았는데 또 몽둥이도 얻어맞지 않는구나』

임제스님은 이 말을 듣고 대각스님을 불러오게 했다. 대각이 나오니까 임제스님이 말했다.

『대중이 말하기를 그대는 장로(長老)를 뵙는 예를 하지 않았다고 한다』

대각스님이 말하기를

『안녕하십니까?』

하고 바로 대중 가운데로 자기 스스로 돌아갔다.

17. 조주(趙州)스님과의 문답

조주(趙州)스님38)이 행각(行脚)할 시기에 임제스님을 만나 보았다. 임제스님이 마침 발을 씻을 때였다. 조주스님은 바로 물었다.

『달마조사(達磨祖師)가 서쪽 인도에서 온 뜻은 무엇이오?』

임제스님이 말했다.

『마침 내가 발을 씻는 중이외다』

---

38) 조주 관음선사의 종심선사(從諗禪師 : 778~897). 남전보원(南泉普願)의 법사(法嗣)

조주스님이 가까이 다가가서 귀를 기울이고 듣는 척하는 자세를 취했다. 임제스님은 말했다.

『또 두 번째 더러운 물을 뿌리려고 합니다』

조주스님은 바로 내려가 버렸다.

18. 정상좌(定上座)가 크게 깨달음

정상좌(定上座)39)가 와서 참(參)하여 물었다.

『불법(佛法)의 큰 뜻은 무엇입니까?』

정상좌가 크게 깨닫다.

---

39) 전기 불명(傳記不明). 임제의 법사

임제스님은 승상(繩床)40)에서 내려와서 멱살을 움켜쥐고서 손바닥으로 후려갈기고 바로 밀쳐 버리는 것이었다.

정상좌는 멍하여 우두커니 서 있었다. 이때 곁의 승(僧)이 말했다.

『정상좌, 왜 예배(禮拜)하지 않는가?』

이 말을 듣고 정상좌는 마악 예배하자마자 갑자기 크게 깨쳤다.

---

40) 승(繩)으로 만든 교의(交椅). 선상(禪床)과 동(同)

19. 12면관음보살(十二面觀音菩薩)의 바른 얼굴

마곡(麻谷)스님이 임제스님에게 와서 만나 뵙고 좌구(坐具)를 펴 깔고 물었다.

『12면관음(十二面觀音)은 어떤 얼굴이 바른 얼굴입니까?』

임제스님은 선상(禪牀)에 앉았다가 내려와서 한 손으로 좌구(坐具)를 거두어들고 한 손으로는 마곡스님을 잡고서 물었다.

『12면관음은 어디로 갔는고?』

마곡스님이 몸을 돌려서 승상(繩牀)에 앉으려고 했다. 임제스님은 주장자(柱杖子)를 잡고 후려갈겼다. 마곡스님은 받아 가지고 서로 붙잡고서 방장실로 들어갔다.

20. 임제(臨濟)스님의 네 가지 할〔四喝〕

임제스님이 승(僧)에게 물으셨다.

『어떤 때의 일할(一喝)은 금강왕보검(金剛王寶劍)과 같고, 어떤 때의 일할은 대지에 웅크리고 걸터앉은 금모(金毛)의 사자와 같고, 어떤 때의 일할(一喝)은 어부가 염탐하는 장대와 그림자 풀과 같고[41], 어떤 때의 일할(一喝)은 일할(一喝)의 작용(作用)을 하지 않나니, 너는 어떻게 아느냐?』

---

41) 탐간영초(探竿影草). 사다새〔鵜〕의 갓을 엮어서 물 속에 넣고 고기가 한 곳에 모인 뒤에 그물로 잡는 것을 탐간(探竿)이라 하고, 풀을 물에 띄우면 고기가 그 그림자에 모여드는 것을 영초(影草)라고 한다. 선종(禪宗)에서 종사(宗師)가 학인(學人)을 다루는 기략(機略)에 비유한 말이다. 여기서는 상대를 염탐해 가지고 그 참인가 거짓인가를 시험하는 뜻이다.

승(僧)이 무엇이라 말하려 하니 임제스님은 바로 할(喝)했다.

21. 잘 왔는가?

임제스님이 어떤 비구니에게 물으셨다.

『잘 왔는가, 잘못 왔는가?』[42]

비구니는 바로 할(喝)했다.
임제스님은 주장자(柱杖子)를 잡고서 말씀하셨다.

『다시 말해라, 다시 말해라』

비구니는 또한 할(喝)하니, 임제스님은 바로 후려갈겼다.

---

42) 선래악래〔善來惡來 ; 부처님은 처음 오는 사람에게 "잘 왔다 비구여"라 말하고 제자로 삼았다 한다. (『증일아함경』 권15) 악래(惡來)는 선래(善來)에 대해 그저 말투로 어조에 맞추어 한 말이다〕

22. 용아(龍牙)스님이 묻다

용아(龍牙)스님43)이 물었다.

『달마조사(達磨祖師)가 서쪽 인도에서 오신 뜻은 무엇입니까?』

임제스님이 말했다.

『나를 위하여 선판(禪板)44)을 가져다주게』

용아스님이 바로 선판을 가져다가 스님에게 드렸다.

---

43) 호남용아산묘제선사(湖南龍牙山妙濟禪寺)에 주(住)한 거둔선사(居遁禪師 : 835~923). 동산양개(洞山良价)의 법사.
44) 좌선하다가 피로했을 때에 몸을 의지하여 쉬는 도구

임제스님은 받아 갖자마자 이내 후려쳤다. 용아스님은 말했다.

『때리시는 것은 마음대로 때리십시오. 그러나 결국 조사(祖師)의 뜻은 없습니다』

이후에 용아스님은 취미(翠微)스님45)한테 가서 물었다.

『달마조사가 서쪽 인도에서 오신 뜻은 무엇입니까?』

취미스님은 말했다.

『나를 위하여 포단(蒲團)을 갖다 주게』

용아스님이 바로 포단을 갖다가 취미스님에게 드렸다.

---

45) 장안종남산(長安終南山)에 주(住)한 무학선사(無學禪師). 단하천연(丹霞天然)의 법사

취미스님은 받고서 이내 후려쳤다. 용아스님이 이르되

『때리시는 것은 마음대로 때리시지만 그러나 결국 조사의 뜻은 없습니다 그려』

용아스님이 승당〔僧堂, 禪房〕의 방장이 된 뒤에 어떤 승(僧)이 입실(入室)하여 가르침을 청(請)하여 말했46)다.

『스님께서 예전에 행각(行脚)하였을 적에 두 존숙(尊宿)에게 참선(參禪)하신 인연47)에 대하여 두 스님을 긍정(肯定)하십니까?』

이에 용아스님은 이르되

『긍정(肯定)하기는 깊이 긍정하나, 결국 조사(祖師)의 뜻은 없느니라』

---

46) 입실청익〔入室請益 ; 입실(入室)은 단독으로 사(師)의 실(室)에 들어가서(독참이라고도 함) 문답 상량(商量)하여 개인 지도를 받는 것이고, 청익(請益)은 수교(垂敎)를 청하는 뜻〕
47) 이야기의 뜻. 선가(禪家)의 이야기는 다 옛사람의 개오(開悟) 사실에 관계되는 것으로서 그것은 제자의 내인(內因)과 사(師)의 외연(外緣)이 결합함에 의함으로 이것을 인연(因緣)이라고 말함

23. 경산(徑山)스님의 오백대중

경산(徑山)48)에는 운수납자(雲水衲子) 오백대중(五百大衆)이 있었으나 방장 스님에게 법(法)을 묻는 사람이 거의 없었다.

---
48) 절강성항주부(浙江省杭州府)에 있는 선사(禪寺). 송대(宋代)에는 능인흥성만수선사(能仁興聖萬壽禪寺)라고 칭했다. 오산(五山)의 일(一)이다. 대혜(大慧), 허당(虛堂), 불감(佛鑑)이 주지로 있어서 유명하다.

황벽스님이 임제스님 보고 경산(徑山)에 가라고 명령하고 이어 임제스님에게 말했다.49)

『네가 경산에 가면 어떻게 하겠느냐?』

임제스님이 말했다.

『제가 거기에 가면 저절로 방편(方便)이 있겠지요.』

임제스님은 경산에 도착했다. 허리에 행장(行裝)한 채로 법당(法堂)50)에 들어가서 경산(徑山) 방장 스님을 뵈었다.

경산스님이 마악 머리를 들 때에 임제스님이 할(喝)을 했다. 경산스님이 입을 열어서 무엇이라고 말하려 하니

---

49) 황벽영사운운(黃檗令師云云).『연정회요련등회요(聯燈會要)』권9「임제장」에는 "경산에 오백중(五百衆)이 있어서 사람의 참청(參請)함이 적었다. 매월 불전전(佛殿前)에 대수(大樹)를 두르고 행도(行道)하여 관음을 염(念)하고 접인했다. 경산과 황벽은 동참(同參)이다. 서(書)를 부쳐와서 갖추어 기사(其事)를 말하니 벽(檗)이 스님으로 하여금 가게 했다. 운운(云云)."

50) 주지가 설법(說法)하는 선사(禪師) 중심의 건물. 선사(禪寺)에서는 본래 불전(佛殿)이 필요하지 않고 주지가 불조(佛祖)를 대신하여 설법하는 법당(法堂)을 중심으로 함

임제스님은 바로 소매를 뿌리치고 가버렸다.
　　바로 어떤 승(僧)이 경산스님에게 물었다.

　　『저 스님은 아까 방장 스님이 무슨 말씀을 하셨기에 스님에게 할(喝)을 했습니까?』

　　경산 스님은 말씀하셨다.

　　『그 스님은 황벽스님 회하(會下)에서 왔다. 너희들이 알고 싶거든 네 자신이 그 스님에게 물어라』

　　그리하고서 경산에 있는 오백대중은 태반이나 분산해 버렸다.

24. 보화(普化)스님의 입적(入寂)

보화(普化)스님은 어떤 날 시가중(市街中)에서 사람들에게 장삼(長衫)을 보시해 달라고 말했다. 사람들은 모두 장삼을 주었지만 보화스님은 그때마다 이것을 요구한 것이 아니라 하고 받지 않았다.

임제스님은 원주(院主)를 시켜서 관 하나를 사오라 했다. 보화스님이 절에 돌아왔을 때에 임제스님은 말했다.

『나는 그대를 위하여 장삼을 만들어 놓았소』

보화스님은 바로 자기가 짊어지고 가서 시가중(市街中)을 돌아다니면서 외치기를

『임제스님은 나를 위하여 장삼을 만들어 주었다. 나는 동문(東門)으로 가서 세상을 떠나련다』

시민들은 서로 다투어 따라가서 보화스님이 죽는 것을 보려고 했다. 그러나 보화스님은 말했다.

『나는 오늘 세상을 떠나지 않고 내일 남문(南門)에 가서 세상을 떠나겠다』[51]

이렇게 사흘을 계속하니 사람들이 믿으려고 하지 않았다. 나흘째 되는 날에 이르러서는 누구도 따라와 보는 사람이 없었다.

보화스님은 혼자 성 밖에 나가서 자기 스스로 관(棺) 속으로 들어가서는 길 가는 사람에게 부탁하여 관 뚜껑에 못을 치게 하였다.

이 말은 바로 시중(市中)에 퍼졌다. 사람들은 서로 앞을 다투어 가서 관을 열어보니 보화스님의 몸은 이미 관(棺) 속에서 빠져나가고 없었다.

---

51) 천화〔遷化 ; 스님이 열반함을 말함. 교화(敎化)를 타세(他世)로 옮긴다는 뜻〕

다만 공중에서 멀어져 가는 요령(搖鈴) 소리가 은은52)히 들릴 뿐이었다.

---

52) 은은(隱隱 ; 눈에는 보이지 않으나 분명히 느끼는 것)

행록(行錄)

임제스님의 전기(傳記)

1. 임제(臨濟)스님 크게 깨닫다

임제스님이 처음에 황벽스님 회하(會下)에서 수행할 적에 그 행(行)이 순수하고 전일(專一)하였다. 이것을 보고 수좌(首座)1)인 목주(睦州)스님은 감탄하여

『임제는 젊은 후배이지만 다른 대중과는 다르다』

고 말했다. 그리고 물었다.

『그대는 여기에 와 있는지가 얼마나 되는가?』

---

*행록[行錄 ; 행장 또는 실록이라고도 함. 일대(一代)의 언행록]
1) 『연정회요聯灯會要』 권8에 의하면 이 수좌는 뒤에 운문(雲門)스님을 대오케 한 진존숙목주도종(陳尊宿睦州道蹤 : 780~877)스님이다.

임제스님이 말했다.

『3년이 됩니다』

수좌 스님은 말했다.

『지금까지 방장 스님에게 법(法)을 물은 적이 있는가?』

임제스님이 말했다.

『아직 법(法)을 묻지 않았습니다. 무엇을 물어야 할지도 모릅니다』

수좌는 말했다.

『그대는 어찌 방장 스님[2]에게 가서 '불법(佛法)의 적실(的實)하고 적실한 큰 뜻은 무엇입니까?' 하고 묻지 않는가?』

---

2) 황벽스님을 말함

임제스님이 황벽 방장 스님께 불법(佛法)의 적실(的實)하고 적실한 큰 뜻을 묻자 30방(棒)을 맞다.

임제스님은 바로 가서 물었다. 그 묻는 소리가 채 끝나기 전에 황벽스님은 바로 후려갈겼다.

임제스님은 내려왔다. 수좌 스님은 물었다.

『문답은 어떻게 되었는가?』

임제스님이 말했다.

『제가 묻는 소리가 채 끝나기도 전에 방장 스님은 바로 후려갈겼습니다. 저는 무엇이 무엇인지 통 모르겠습니다』

수좌 스님은 말했다.

『어쨌든 다시 가서 물어보아라』

임제스님이 또 가서 물어도 황벽스님은 또 후려갈겼다. 이와 같이 세 번 묻고 세 번 얻어맞았다.
임제스님은 수좌 스님에게 말했다.

『다행히 스님의 자비하신 지도를 받아서 방장 스님에게 법(法)을 물었으나 세 번 묻고 세 번 얻어맞았습니다. 그러나 제 업장(業障)의 악연(惡緣)3)으로 깊은 뜻을 알지 못하는 것이 한(恨)스럽기만 합니다. 하는 수 없이 이제는 작별하고 떠나가야겠습니다』

---

3) 자한장록〔自恨障綠 ; 자기가 과거에 지은 악업이 현재의 수행 성취를 방해함을 한(恨)한다는 말〕

수좌 스님은 말했다.

『그대가 만일 정히 가려거든 반드시 방장 스님에게 하직 인사나 하고 가도록 하게나』

임제스님이 예배하고 물러갔다. 수좌 스님은 먼저 황벽스님에게 가서 말했다.

『이번에 법(法)을 물은 젊은 후배는 대단히 여법진실(如法眞實)하오니 만일 와서 하직 인사할 때에는 잘 지도해 주시기 바랍니다. 장차 제 스스로 단련(鍛鍊)하면 한 그루의 큰 나무가 되어서 천하 사람을 위하여 서늘한 그늘을 이룰 인물일 것입니다』

임제스님이 가서 하직 인사를 한즉 황벽스님은 말했다.

『다른 곳으로 가서는 안 된다. 너는 고안탄두(高安灘頭)의 대우스님4)에게로 가거라. 반드시 너를 위하여 설(說)해 줄 것이다』

임제스님이 대우스님에게로 갔다. 대우스님은 물었다.

『어디서 왔는가?』

임제스님이 말했다.

『황벽스님 회하에서 왔습니다』

대우스님은 말했다.

『황벽스님께서는 무슨 말이 있었는가?』

---

4) 고안〔高安 ; 홍주(洪州)의 서부(瑞府)에 있음〕의 탄두(灘頭 ; 격류의 여울이 있는 곳)에 주(住)한 대우화상. 귀종지상(歸宗智常)의 법사

임제스님이 대답했다.

『제가 세 번 불법(佛法)의 적실(的實)하고 적실한 큰 뜻을 물었다가 세 번 얻어맞았는데 저에게 잘못이 있습니까 없습니까?』

대우스님은 말했다.

『황벽스님이 이렇게 노파심이 간절하여서 피곤해 지쳐 버리도록 너를 위해 수고해 주신 것이다. 그런데 여기까지 와서 자기가 잘못이 있습니까 없습니까 하고 묻는단 말이냐?』

임제스님이 크게 깨닫다.

임제스님은 이러한 말에 크게 깨닫고 혼잣말처럼 이렇게 말했다.

『원래 황벽의 불법(佛法)은 별것이 아니고 바로 이것이다』

이 말을 들은 대우스님은 임제스님의 멱살을 움켜쥐고 말했다.

『이 오줌싸개 새끼야, 방금 잘못이 있습니까 없습니까 하고 말하더니 이제는 '황벽불법(黃檗佛法)이 별것이 아니고 바로 이것이다'고 큰소리 하니 도대체 너는 무슨 도리(道理)를 보았느냐? 빨리 말해라, 빨리 말해』

임제스님은 대우스님의 옆구리를 주먹으로 세 번 쥐어박았다. 대우스님은 임제스님을 밀쳐 버리고 말했다.

『너는 황벽스님을 스승으로 하라. 내게는 관계가 없다』

임제스님이 대우스님의 옆구리를 주먹으로 세 번 쥐어박다.

임제스님은 곧 대우스님을 하직하고 황벽스님에게 돌아왔다. 황벽스님은 임제스님이 도로 오는 것을 보고 바로 물었다.

『이놈이 늘 왔다갔다만 하면 어느 때에 깨닫겠느냐?』

임제스님이 말했다.

『다만 방장 스님이 노파심절(老婆心切)하기 때문입니다』

왔다갔다만 하면 어느 때에 깨닫겠느냐?

그리고 바로 돌아온 인사를 드리고 나서 그 자리에 시립(侍立)해 섰다. 황벽스님이 물었다.

『어디에 갔다 왔느냐?』

임제스님이 대답하기를

『저번에 자비하신 지도를 받잡고 대우스님을 뵙고 왔습니다』

황벽스님은 말했다.

『대우스님은 무엇이라고 말씀하더냐?』

임제스님은 거기에서 지난 이야기를 죄다 아뢰었다. 황벽스님은 말했다.

『어떻게든지 이 사람(大愚)5)을 붙잡아서 단단히 한 번 몽둥이를 먹이지 않으면 안 되겠군』

임제스님이 말했다.

『어찌 오기를 기다린다고 말씀하십니까? 지금 바로 먹이십시오』

지금 바로 먹이다.

---

5) 대우(大愚)스님

이어 바로 손바닥으로 갈겼다. 황벽스님은 말했다.

『이 미친놈, 여기에 돌아와서는 호랑이 수염을 만지는구나』

임제스님은 바로 할(喝)했다. 황벽스님은 말했다.

『시자(侍者)야, 이 미친놈을 끌어내어 참당〔參堂, 法堂〕하게 하여라』

*   *   *

뒤에 위산스님은 이 이야기를 끄집어내어 앙산스님에게 물었다.
『임제스님은 당시에 대우스님의 은혜를 입었느냐, 황벽스님의 은혜를 입었느냐?』
앙산스님은 말했다.
『호랑이의 머리를 탈 뿐만 아니라 또한 호랑이의 꼬리를 붙잡을 줄도 알았습니다』

2. 임제(臨濟)스님 소나무 심을 때에

임제스님이 소나무를 심을 적에 황벽스님이 물으셨다.

『이 깊은 산중에 많은 소나무를 심어서 무얼 하려는가?』

임제스님이 말했다.

『첫째 절을 위하여 좋은 경치를 만들고, 둘째는 후세 사람들을 위하여 표방(標榜)6)을 지으려는 것입니다』

---

6) 남의 선행(善行) 사실을 기록하여 그 집 문인(門人)에게 게시(揭示)하는 것

이렇게 여쭙고는 괭이로 세 번 땅을 내리쳤다. 황벽스님이 이르시되

『그렇기는 하지만 그대는 벌써 나의 30방(棒)을 얻어맞았느니라』

임제스님은 또 괭이로 땅을 세 번 내리치고, 허— 허— 하고 소리를 질렀다. 황벽스님은 말씀하셨다.

『나의 종(宗)이 너의 시대에 가서 크게 세상에 흥왕(興旺)하게 될 것이다』

* * *

뒤에 위산스님이 이 말을 끄집어내어 앙산스님에게 물으셨다.
『황벽스님이 당시에 다만 임제스님 한 사람에게만 부촉(付囑)한 것이냐, 또 누구인가 다른 사람에게도 부촉한 것이냐?』
앙산스님은 말했다.

『있습니다. 그러나 다만 아주 먼 미래가 되므로 화상(和尙)에게 말씀드리고 싶지 않습니다』

위산스님이 말씀하셨다.

『비록 그렇더라도 나는 알고 싶다. 어쨌든 너는 말해 보아라』

앙산스님은 말했다.

『한 사람이 남쪽을 가리켜7)서 오(吳)와 월(越)의 지방에 법령(法令)이 행하다가 대풍(大風)을 만나서 바로 그칩8)니다〔이것은 풍혈화상(風穴和尙)을 예언한 것이다〕』

---

7) 일인지남운운(一人指南云云). 일인지남(一人指南)은 남원혜옹〔南院慧顒; 950년경 몰(沒)〕을 가리킴
8) 남원혜옹의 법사인 풍혈연소(風穴延沼 : 896~973)를 말함. 즉지(卽止)는 임제종이 대흥한다는 예언

3. 덕산(德山)스님의 문답

임제스님이 덕산스님을 모시고 옆에 섰을 적에 덕산스님은 말했다.

『오늘은 피곤하구나!』

임제스님이 말했다.

『이 늙은이가 잠꼬대해서 무얼 하겠습니까?』

덕산스님이 바로 후려갈겼다. 임제스님이 덕산스님이 앉은 선상(禪床)을 번쩍 들어 넘어뜨렸다.
덕산스님은 아무 말 없이 쉬어 버렸다.

4. 산 채로 묻다〔活埋〕

임제스님이 산중운력(山中運力)9)으로 땅을 팔 적에 황벽스님이 오는 것을 보고 괭이를 세워 버티고 서 있었다. 황벽스님은 말씀하셨다.

『피곤한가?』

임제스님이 말했다.

『괭이도 아직 들지 않았는데 무엇이 피곤하겠습니까?』

---

9) 보청〔普請 ; 전 산중(山中) 대중이 총출동하여 방장스님이나 선방스님 상하(上下) 구분 없이 힘을 합(合)하여 노동(勞動)일을 함(山中運力)〕

황벽스님은 바로 후려갈겼다. 임제스님은 몽둥이를 받아 쥐고서 한 번 밀쳐서 넘어뜨렸다. 황벽스님은 유나(維那)10)를 불러

『유나야, 나를 붙들어 일으켜라』

하고 말했다.
유나는 가까이 가서 붙들어 일으키고 말했다.

『방장 스님, 어찌 이 미친놈의 무례한 짓을 용서할 수 있겠습니까?』

황벽스님은 일어나자마자 바로 유나를 후려갈겼다.
임제스님은 땅을 파면서 말했다.

『제방(諸方)에서는 화장(火葬)하지만 여기에서 나는 일시(一時)에 산 채로 묻는다〔活埋〕』

* * *

---

10) 승당〔僧堂, 禪房〕의 기강을 맡아보는 간부 스님

뒤에 위산스님이 앙산스님에게 물으셨다.

『황벽스님이 유나를 쳤는데 그 뜻은 무엇인가?』

앙산스님은 말했다.

『진짜 도적놈은 도망쳐 버리고[11] 추적하는 경관(警官)이 몽둥이를 얻어맞은 격입니다』

---

11) 정적주각〔正賊走却 ; 진정한 도적인 임제는 도망쳐 버리고 추적하는 경관과 같은 유나가 장형(杖刑)에 처벌받았다는 말〕

5. 승당[僧堂, 禪房]에서 눈감고 좌선

　임제스님은 어떤 날 승당[僧堂, 禪房] 앞에 앉았다가 황벽스님이 오는 것을 보고는 눈을 감아 버렸다. 황벽스님은 두려워하는 몸짓을 하고 방장실로 돌아갔다.
　임제스님은 황벽스님을 뒤따라 방장실로 가서 황송하다고 사례(謝禮)했다. 이때에 수좌 스님이 황벽스님 곁에 서 있었는데 황벽스님은 그에게 말씀하셨다.

　『이 납자(衲子)가 젊은 후배이지만 이 일을 알고 있다』[12]

---

12) 각지유차사(却知有此事). 이것은 임제스님을 긍정한 말이나 황벽스님의 속셈은 수좌를 점검하려는 것이다.

승당〔僧堂, 禪房〕에서 눈감고 좌선

수좌 스님은 말했다.

『노화상(老和尙)님은 아무 실지(實地)가 없[13]이 젊은 후배를 증명(證明)하십니까?』

황벽스님은 자기 입 위를 손바닥으로 한 번 쳤다. 수좌 스님은 말했다.

『아셨으면 좋습니다』

---

13) 각근불점지〔脚跟不點地 ; 진실하지 않다, 실지(實地)가 아니라는 뜻〕

6. 승당[僧堂, 禪房]에서 잠든 척하다

임제스님이 승당[僧堂, 禪房]에서 졸고 있었다.

황벽스님이 와서 보고 주장자(柱杖子)로 좌선상(坐禪床)의 판자를 탁 한 번 쳤다.14) 임제스님은 머리를 들어서 황벽 방장 스님인 줄 보고서도 도로 졸았다.

황벽스님은 또다시 좌선상(坐禪床) 판자를 탁 한 번 쳤다. 그리고 위칸15)에 가서 수좌 스님이 좌선하는 것을 보고 말했다.

『아래칸16)에 젊은 후배는 좌선하고 있는데, 너는

---

14) 타판두일하(打板頭一下). 판두는 선당에 있는 장련상[長連床 ; 횡으로 길게 자리를 연(連)한 좌선상(坐禪床)]의 귀퉁이에 달린 판을 말함

15) 상간[上間 ; 선당(禪堂)의 상석(上席). 선당은 동향(東向)으로 되어 있으니까 북이 상간(上間)임]

여기서 망상(妄想)만 피우니 그래서 무엇하겠느냐?』

수좌 스님은 말했다.

『이 늙은이가 무엇하는 것이오?』

황벽스님은 좌선상판자(坐禪床板子)를 탁 한 번 치고 바로 나가 버렸다.

* * *

뒤에 위산스님이 앙산스님에게 물었다.
『황벽스님이 승당〔僧堂, 禪房〕에 들어가셨는데 그 뜻을 어떻게 보느냐?』
앙산스님은 말했다.
『두 면〔兩面〕 글자의 한 골패입니다』

---

16) 하간〔下間 ; 선당(禪堂)의 하석(下席). 선당은 동향(東向)으로 되어 있으니까 남이 하간(下間)임〕

7. 운력(運力) 중의 괭이문답

어느 날 산중(山中)에 총출동하여 운력(運力)할 때에 임제스님이 대중 뒤에서 걸어가고 있었다.

황벽화상이 뒤를 돌아보고 임제스님이 빈손인 것을 보고는 물었다.

산중(山中)에 총출동하여 운력(運力)할 때

『괭이는 어디 있느냐?』

임제스님이 여쭈었다.

『어떤 사람이 가지고 가버렸습니다』

황벽화상이 말했다.

『이리 가까이 오너라. 너와 같이 이 일을 상량(商量)해 보자』17)

임제스님은 가까이 갔다. 황벽화상이 괭이를 번쩍 세우고 말했다.

『오직 이것만은 천하 사람이 집어 가져서 세우지 못한다』

임제스님은 황벽화상 손에서 괭이를 잡아당겨 빼앗아

---

17) 공여상량개사〔共汝商量箇事 ; 상량(商量)은 상인이 물품을 매매할 적에 그 가격을 논량(論量)하여 정한다는 뜻에서 전(轉)하여 법문의 문답 대론(對論)을 말함〕

세우고 말했다.

『어째서 지금은 저의 손 안에 있습니까?』

황벽화상은 말했다.

『오늘 크게 운력(運力)한 사람18)이 있다』

하고 바로 승당〔僧堂, 禪房〕으로 돌아갔다.

* * *

뒤에 위산스님이 앙산스님에게 물었다.
『괭이가 황벽화상 손 안에 있었는데 어째서 임제스님에게 빼앗겼느냐?』
앙산스님이 말했다.
『도적놈은 소인(小人)이지만 지혜는 군자(君子)보다 더 있습니다』

---

18) 대유인보청〔大有人普請 ; 대(大)는 유(有)의 뜻을 강조한 속어 표현. 인(人)은 임제를 말함〕

8. 황벽(黃檗)스님의 편지 갖고 위산(潙山)에 가다

임제스님이 황벽화상의 편지를 가지고 위산(潙山)스님에게 갔다. 그때에 앙산스님이 지객(知客)19)이었는데 편지를 받아 쥐고 바로 물었다.

『이것은 황벽화상 것입니다. 어떤 것이 그대의 것입니까?』

임제스님이 바로 손바닥으로 후려갈겼다. 앙산스님은 그 손을 꽉 잡아쥐고

『노형(老兄)이 이 일을 아는 데야 바로 그만둡시다』

---

19) 승당〔僧堂, 禪房〕에 있어서 손님을 접대(接待)하는 직명(職名)

하고 같이 가서 위산스님을 뵈었다.

위산스님은 바로 물었다.

『황벽사형(黃檗師兄)님 회하(會下)에는 대중이 얼마나 되는가?』

임제스님이 말했다.

『칠백대중(七百大衆)입니다』

위산스님은 말했다.

『어떤 사람이 우두머리 지도자[20]인가?』

임제스님이 말했다.

『방금 벌써 편지를 드려 마쳤습니다』

임제스님이 반대로 위산스님에게 물었다.

---
20) 도수(導首). 수위(首位)의 지도자, 즉 장로(長老)를 가리킴

『방장 스님의 회하(會下)에는 대중이 얼마나 됩니까?』

위산스님은 말했다.

『대중이 천오백 명이다』

임제스님은 말했다.

『대단히 많습니다』

위산스님은 말했다.

『황벽사형(黃檗師兄)님한테도 적지 않구나』

임제스님은 위산스님을 사퇴(辭退)했다. 앙산스님은 임제스님을 전송하면서 말했다.

『그대가 이 뒤에 북방(北方)으로 가면 머물 곳이 있을 것이오』

임제스님이 말했다.

『무슨 그런 일이 있겠소』

앙산스님은 말했다.

『다만 가보시오. 그리하면 한 사람이 노형(老兄)을 도와줄 것이오. 그 사람은 실로 머리는 있고 꼬리는 없으며 시작은 있고 끝은 없을 것이오』

임제스님이 그 뒤에 진주(鎭州)에 가니 보화스님이 이미 거기에 있었다. 임제스님이 출세(出世)21)하여 임제선사(臨濟禪寺)에 방장으로 있게 되자, 보화스님은 임제스님을 도와주었다.

임제스님이 임제선사에 머문 지 얼마 안 되어서 보화스님은 전신(全身)으로 이 세상에서 떠나가 버렸다.

---

21) 세상에 나와서 교화(敎化) 활동을 하는 것. 일사(一寺)의 주지(옛날에는 방장을 주지라고 했음)가 되는 일

9. 반결제(半結制) 때에 있었던 일

임제스님은 어느 해 여름 안거중의 중간22)에 황벽산(黃檗山)에 올라가서 황벽화상이 경(經)을 보시는 것을 보고 말했다.

『나는 지금까지 방장 스님을 훌륭한 분이라고 생각했었는데 보통으로 그저 경(經)이나 읽는 노스님이로구나』

임제스님은 수일 동안 머물렀다가 작별하고 가려 했는데 황벽화상은 말했다.

---

22) 반하〔半夏 ; 하안거(우기의 4월 15일부터 7월 15일까지 3개월 간 금족수행)의 중간 되는 날, 즉 6월 1일을 말함〕. 안거의 사이에 참가하면 금족(禁足)을 범한 것이 되므로 이것을 파하(破夏)라 한다. 고래(古來) 종문에서는 이 화(話)를 '파하(破夏)의 인연(因緣)'이라 칭하여 '백장재참(百丈再參)'의 화(話)와 같이 가장 중요시한다.

『너는 여름 안거규칙(安居規則)을 지키지 않고 안거(安居)의 중간에 왔다가 안거도 마치지 않고 가느냐?』

임제스님은 말했다.

『저는 잠깐 방장 스님께 인사차 뵈러 왔었습니다』

황벽화상은 그때에 임제스님을 후려갈겨서 내쫓아 버렸다. 임제스님은 몇 리를 가다가 이 일을 의심하고는 돌아와서 여름안거〔夏安居〕를 마쳤다.

임제스님이 하루는 황벽화상을 하직하고 떠나려 했다. 황벽화상이 물었다.

『어디로 가려느냐?』

임제스님이 말했다.

『하남(河南)이 아니면 하북(河北)으로 돌아갈까 합니다』

황벽화상은 바로 후려갈겼다. 임제스님은 황벽화상을 붙잡고 손바닥으로 한 번 철썩 때렸다. 황벽화상은 껄껄 크게 웃고 시자(侍者)를 불러

『백장(百丈) 큰스님의 선판(禪板)23)과 궤안(机案)24)을 가지고 오너라』

임제스님은 말했다.

『시자(侍者)야, 불을 가지고 오너라』

황벽화상은 말했다.

『그것도 옳기는 옳으나 어쨌든 가지고 가라. 이 뒤에 천하 사람의 입을 막아 버릴 것이다』

* * *

---

23) 선판은 좌선하다가 피로할 때에 턱에 괴어 편히 쉬도록 만든 긴 의자
24) 좌선할 때에 허리가 뒤로 굽히지 않도록 등뒤에 대어서 기대는 도구(道具). 황벽스님은 부법(付法)의 인(印)으로 선판과 궤안을 백장스님으로부터 받았고, 이제는 임제스님에게 전하는 것이다.

뒤에 위산화상(潙山和尙)이 앙산스님에게 물으셨다.

『임제스님이 저 황벽화상을 배반한 것이 아니냐?』

앙산스님이 말했다.

『그렇지 않습니다』

위산화상이 말했다.

『자네는 어떻게 보는가?』

앙산스님은 말했다.

『은혜를 알아야만 은혜를 갚을 줄도 압니다』

위산화상은 말했다.

『위로 고인(古人) 중에도 이와 같은 일이 있느냐?』

앙산스님이 말했다.

『있습니다만 아주 멀고 먼 옛적 일이라 스님에게 말씀드리고 싶지 않습니다』

위산화상이 말했다.

『그렇기는 그렇다 하더라도 나는 알고 싶다. 어쨌든 네가 말해 보아라』

앙산스님은 말했다.

『그것은 저 부처님이 『능엄경楞嚴經』을 설한 법회에서 아난(阿難)이 부처님을 찬탄하여 말하기를 '이 깊은 마음으로써 한량(限量) 없는 국토에 받들어 봉행하면 이 것을 이름이 참으로 부처님 은혜를 갚는 것이라'25) 한 것은 어찌 스승의 은혜를 갚는 일이 아니겠습니까?』

위산화상이 말했다.

『그렇다 그렇다. 제자의 견지(見地)가 스승과 같으면 스승의 덕을 반이나 감하는 것이다. 제자의 견지가 스승보다 수승(殊勝)하면 법(法)을 전해 줄 만한 자격이 있다』

---

25) 『능엄경』 권3에 있는 말. 장차심심봉녹찰시칙명위보불은〔將此深心奉鹿刹是則名爲報佛恩 ; 심심(深心)은 대비심으로써 보리를 증(證)하고 대비심으로써 중생을 제도하는 상구보리(上求菩提) 하화중생(下化衆生)의 원심(願心)을 말함〕

10. 달마탑(達磨塔)에 이르러서

임제스님이 달마(達磨)스님의 탑을 모신 절26)에 갔다. 탑 절 주지 스님이 말했다.

『장로(長老) 스님은 먼저 부처님에게 예배하겠습니까? 또는 먼저 조사(祖師) 스님에게 예배하겠습니까?』

임제스님이 말했다.

『부처님이고 조사(祖師) 스님이고 모두 다 예배하지 않겠습니다』

---

26) 달마탑두(達磨塔頭). 중국의 하남성 웅이산정림사(熊耳山定林寺)에 있는 초조 달마조사의 탑이 있는 곳. 탑두는 고승이 시적(示寂)한 후에 제자들이 그 탑의 근처에 소암(小庵)을 짓고 머물렀던 곳임. 뒤에는 대사원(大寺院) 경내에 있는 암자로 되었음

주지 스님이 말했다.

『부처님과 조사(祖師) 스님은 장로(長老) 스님과 원수라도 됩니까?』

임제스님은 바로 소매를 뿌리치고 나갔다.

11. 용광(龍光)스님을 만나서

임제스님이 행각(行脚)할 때에 용광(龍光)스님27)이 있는 곳에 갔다. 용광스님은 법당에 올라가셔서 법문(法門)하셨다.

임제스님이 나와 묻기를

『칼을 칼집에서 빼지 않고 어떻게 이길 수 있습니까?』

하니 용광스님이 버티어 바로 앉으셨다. 임제스님이 말하기를

---

27) 전기(傳記) 불명

『대선지식(大善知識)이 어찌 방편(方便)이 없을 수가 있겠습니까?』

용광스님은 눈을 똑바로 쳐다보고 말하기를

『사 ‥‥‥‥―(칼소리)』28)

임제스님은 손으로 가리키며 말했다.

『이 늙은이가 오늘 실패(失敗)29)했소』

---

28) 사(嗄). 목갈래에서 나오는 소리. 여기에서는 '사― 하고' 칼 쓸 때의 소리
29) 허물

12. 삼봉(三峰)의 평화상(平和尙)을 만나서

임제스님이 삼봉(三峰)30)의 평화상(平和尙) 있는 곳에 갔다. 평화상(平和尙)이 물었다.

『어느 곳에서 왔는고?』

임제스님은 말했다.

『황벽화상에게서 왔습니다』

평화상이 이르되

『황벽스님은 무슨 말로 가르치시던고?』

---

30) 삼봉(三峰)의 평화상(平和尙). 전기 불명

임제스님은 말했다.

『황금(黃金)의 소가 어젯밤에 용광로 불 속으로 들어가서 이내 지금까지 자취가 보이지 않습니다』

평화상은 말했다.

『가을 바람에 옥적(玉笛)을 부는 소리를 누가 잘 알아들을 수 있을꼬?』

임제스님이 말했다.

『바로 만중(萬重)의 관문(關門)을 통해 지나서 맑은 하늘 속에도 머무르지 않습니다』

평화상은 말했다.

『그대의 한 물음은 대단히 높도다』

임제스님이 말했다.

『용이 황금의 봉황새 새끼를 낳으니 유릿빛의 파란 허공을 날아서 파(破)함이외다』

평화상은 말했다.

『자— 앉아서 차〔茶〕나 드오』

또 물었다.

『요즘 어디서 떠나왔는고?』

임제스님은 말했다.

『용광(龍光) 회상(會上)입니다』

평화상은 말했다.

『용광스님은 요사이 어떻던고?』

임제스님은 바로 나가 버렸다.

13. 대자(大慈) 환중선사(寰中禪師)를 만나서

임제스님이 대자(大慈)스님[31] 있는 곳에 갔다. 대자스님은 방장실에 앉아 있었다. 임제스님이 물었다.

『방장실에 정좌(正坐)하고 있을 때의 경지(境地)는 어떻습니까?』

대자스님은 말했다.

『소나무는 추울 때에도 푸르게 천 년도 변함이 없는 한 색깔이라, 다른 나무와는 다르다. 백성들은 꽃을 따서 만국(萬國)의 봄을 즐기도다』

---
31) 백장(百丈)의 법사. 항주대자산(杭州大慈山)의 환중선사(寰中禪師 : 780~862)

임제스님이 말했다.

『옛날이나 이제나 영원히 대원경지(大圓鏡智)의 본체(本體)를 초월했고 신선이 사는 삼산(三山)[32]은 만중(萬重)의 관문(關門)으로 꽉 갇혀 버렸습니다』

이 말을 들은 대자스님은 바로 할(喝)을 했다. 임제스님도 할(喝)을 했다. 대자스님은 말했다.

『어떠하오?』

임제스님은 소매를 뿌리치고 바로 나갔다.

---

32) 선인(仙人)이 주(住)하는 봉래(蓬萊), 방장(方丈), 영주(瀛州)의 삼산(三山)

14. 양주(襄州) 화엄선사(華嚴禪師)를 만나서

 임제스님은 양주(襄州)의 화엄(華嚴)33)스님 계신 곳에 갔다. 화엄스님은 주장자(柱杖子)에 의지하여 조는 체하였다. 임제스님은 말했다.

『노장(老丈)님이 졸아서 어떻게 합니까?』

화엄스님은 말했다.

『훌륭한 선객(禪客)은 분명히 다르구나』

임제스님은 말했다.

---

33) 호북성(湖北省) 양주현(襄州縣)의 녹문산(鹿門山) 화엄선사(華嚴禪寺)

『시자(侍者)야, 차(茶)를 달여와서 노장(老丈)님에게 드려 잡수시게 하라』

방장 스님께 차(茶)공양하다.

화엄스님은 유나(維那)를 불러 말했다.

『제3위(第三位)에 이 큰스님을 모셔라』

15. 취봉(翠峯)스님을 만나서

임제스님은 취봉(翠峯)스님34) 있는 곳에 갔다. 취봉스님은 물었다.

『어디서 왔는고?』

임제스님은 말했다.

『황벽산에서 왔습니다』

취봉스님은 말했다.

---

34) 전기 불명

『황벽스님은 무슨 말을 가지고서 학인(學人)을 지도하시는고?』

임제스님은 말했다.

『황벽스님은 말씀이 없으십니다』

취봉스님은 말했다.

『어째서 없는고?』

임제스님은 말했다.

『설사 있더라도 저는 말할 것이 없습니다』

취봉스님은 말했다.

『어쨌든 간에 말해 보라』

임제스님은 말했다.

『한 화살이 벌써 서천(西天)에 지나가 버렸습니다』35)

---

35) 일전과서천〔一箭過西天 ; 한 화살이 벌써 서쪽 인도를 지나가서 떨어진 곳을 알 수 없다는 뜻. 자취가 없다는 뜻〕

16. 상전(象田)스님을 만나서

임제스님은 상전(象田)스님36)의 처소에 갔다. 임제스님은 물었다.

『범부(凡夫)도 아니고 성인(聖人)도 아닌 경지(境地)는 무엇입니까? 스님은 속히 말해 주시오』

상전스님은 말했다.

『노승(老僧)은 다만 이러하오』

임제스님은 바로 할(喝)하고 말했다.

---

36) 전기 불명

『여러 중들이 이런 곳에서 무엇을 배우려37)고 하겠습니까?』

---

37) 가르침을 받는다, 선(禪)을 배운다는 뜻

17. 명화(明化)스님을 만나서

임제스님은 명화(明化)스님38)의 처소(處所)에 갔다. 명화스님은 물었다.

『왔다갔다해서 무엇을 할 것이오?』

임제스님은 말했다.

『다만 쓸데없이 짚신만 신어서 해지게 할 뿐입니다』

명화스님은 말했다.

---

38) 전기 불명

『필경(畢竟)에 어떠하오?』

임제스님은 말했다.

『늙은이는 화두(話頭)도 모릅니다』

18. 봉림(鳳林)스님 처소로 가는 길에—노파(老婆)와의 문답

임제스님이 봉림(鳳林)스님39) 있는 곳에 가다가 도중(途中)에 한 할머니를 만났다.

할머니는 물었다.

『어디에 가십니까?』

임제스님은 말했다.

『봉림(鳳林)에 가오』

할머니는 말했다.

---

39) 전기 불명

임제스님과 노파와의 문답

『마침 봉림스님은 계시지 않습니다』

임제스님은 말했다.

『어디 가셨소?』

할머니는 바로 걸어갔다. 이에 임제스님은 할머니를 불렀다. 할머니가 머리를 돌리니 임제스님은 바로 걸어갔다.

19. 봉림(鳳林)스님을 만나서

임제스님이 봉림(鳳林)스님의 처소(處所)에 갔다. 봉림스님은 물었다.

『시험 삼아 물을 일이 있는데 좋습니까?』

임제스님이 말했다.

『어찌 일부러 살을 깎아서 부스럼을 만들겠습니까?』

봉림스님은 말했다.

『바다의 달은 맑아서 그림자가 없는데, 노니는 고기가 저 혼자 스스로 미(迷)하였구나』

임제스님이 말했다.

『바다의 달이 그림자가 없는데, 노니는 고기가 어찌 미(迷)할 수가 있습니까?』

봉림스님은 말했다.

『바람 부는 것을 보고 물결 일어남을 알고, 물에 노는 작은 배의 돛은 나부낍니다』

임제스님은 말했다.

『둥근 바퀴와 같은 달은 홀로 비추어 강산(江山)이 고요하고, 스스로 웃는 한소리에 천지(天地)가 놀라는구나』

봉림스님은 말했다.

『세 치 혀끝을 가지고 천지(天地)를 빛내는 것은 임의대로 하되, 지금 이때를 당하여 한 글귀를 일러 보시오』

임제스님이 말했다.

『길에서 검객(劍客)을 만나면 칼을 바치되 시인(詩人)이 아니면 시(詩)를 드리지 마시오』

봉림스님은 바로 문답을 그만두었다. 거기에 임제스님은 송(頌)을 지었다.

『절대의 대도(大道)40)는 평등한 것까지도 끊어져서 서쪽에나 동쪽에나 자유로 행하는구나. 돌불〔石火〕도 미칠 수 없고 번갯불도 통할 수 없도다』

* * *

위산화상이 앙산스님에게 물었다.

---

40) 대도절동(大道絶同 ; 절대의 대도는 평등 차별을 초월함)

『돌불〔石火〕도 미칠 수 없고 번갯불도 통할 수 없는데, 지금까지의 성인(聖人)들은 무엇을 가지고 사람을 교화하였겠는가?』

앙산스님은 말했다.

『스님의 생각은 어떻습니까?』

위산스님은 말했다.

『오직 말만 있는 것이다. 진실한 뜻은 전연(全然)없다』

앙산스님은 말했다.

『그렇지 않습니다』

위산스님은 말했다.

『자네는 어떻게 생각하는가?』

앙산스님은 말했다.

『관청(官廳)은 바늘만한 것도 용납할 수 없으나, 뒷문으로는 수레〔車〕와 말〔馬〕도 통합니다』

20. 금우(金牛)스님을 만나서

임제스님은 금우(金牛)스님41) 처소에 갔다. 금우스님은 임제스님이 오는 것을 보고 주장자(柱杖子)를 횡(橫)으로 뉘어 막고서 문 가운데에 버티고 걸터앉았다.

임제스님은 손으로 주장자(柱杖子)를 세 번 두드리고 승당〔僧堂, 禪房〕안에 들어가서 제1위(第一位)42)에 앉았다. 금우스님은 승당〔僧堂, 禪房〕안에 내려와서 임제스님을 보고 물었다.

『대관절 객과 주인이 서로 만남에는 각기 예의가 있는 법인데, 상좌는 어디서 왔기에 이렇게 대단히

---

41) 진주 금우선사(金牛禪寺)에 주(住)한 화상(和尙). 마조의 법사 금우화상(金牛和尙)과 동일한 스님인지 불명(不明)
42) 제1위는 전당수좌(前堂首座)의 좌위(坐位)

무례하오?』

임제스님은 말했다.

『노장(老丈)님은 무엇이라 말씀하십니까?』

금우스님이 입을 열려고 한즉 임제스님이 이내 쳤다. 금우스님은 넘어지는 시늉을 했다. 임제스님은 또 쳤다. 금우스님은 말했다.

『오늘은 운(運)이 나쁘다』

이 두 큰스님은 이기고 짐이 있는가?

* * *

위산화상은 앙산스님에게 물었다.

『이 두 큰스님은 이기고 짐이 있는가?』

앙산스님은 말했다.

『이겼다 하면 다 이기고, 졌다 하면 다 졌습니다』

21. 임제(臨濟)스님의 입적(入寂)

임제스님이 임종(臨終)하실 때에 기대어 바로 앉으시고 말했다.

『내가 죽은 뒤에 나의 정법안장(正法眼藏)43)을 멸(滅)해 버리면 안 된다』

삼성(三聖)44)이 나와서 말했다.

『어찌 감히 스님의 정법안장을 멸해 버리겠습니까?』

---

43) 청정법안(淸淨法眼), 진정견해(眞正見解), 무상정법(無上正法)을 말함
44) 임제스님의 법사인 삼성혜연(三聖慧然)

임제스님은 말했다.

『이후에 사람이 너에게 물으면 무엇이라고 대답하겠느냐?』

삼성(三聖)은 바로 할(喝)을 했다.
임제스님은 말했다.

『나의 정법안장이 이 눈먼 나귀한테서 멸해 버릴 줄이야 누가 알겠나?』

말씀을 마치시고 단정히 앉으신 채 열반하셨다.

22. 임제(臨濟)스님의 간략한 전기(傳記)

임제스님은 휘(諱)45)가 의현(義玄)이고 조주(曹州)의 남화(南華) 사람이다.

속성(俗姓)은 형(邢)씨이다. 어려서 보통 사람보다 빼어나 특이하고 성장하여서는 효행으로 유명했다.

출가하여 구족계(具足戒)를 받고서는 교종(教宗)의 강원(講院)에 있으면서 세밀하게 계율(戒律)을 연구하고 널리 경(經)과 논(論)을 깊이 연구했다.

그러던 어느 날 갑자기 탄식하고 말했다.

『이것은 세상 사람을 구제하는 약방문(藥方文)에 지나지 않다. 교(敎) 밖의 근본 마음을 전한 종지(宗旨)는 아니다』

---

45) 이름

바로 선종(禪宗)으로 개종하고 선지식(善知識)을 찾아 행각(行脚)에 나섰다.

처음에 황벽(黃檗)스님을 친견하여 참선하고 다음에 대우(大愚)스님을 친견했다. 그때에 기연(機緣)의 어구는 행록(行錄)에 실려 있다.

황벽스님의 인가(印可)를 받고서는 바로 하북지방(河北地方)에 가서 진주성(鎭州城)의 동남(東南) 모퉁이의 호타하(滹沱河) 가까이 있는 작은 절의 주지가 되셨다.

그 절의 이름이 임제선사(臨濟禪寺)이니 강(江)나루에 임(臨)한 지형(地形)을 따라서 이름 지은 것이다.

그때에 보화(普化)스님이 먼저 그곳에 있어서 거짓 미친 것처럼 해서 대중 가운데에 섞여서 성인(聖人)인지 범부(凡夫)인지 분간할 수가 없었다.

임제스님이 그곳에 가니까 보좌했다.

임제스님이 교화를 왕성히 하자마자 보화스님은 온몸으로 가버리셨다.

이것은 소석가(小釋迦)라는 앙산스님의 예언과 똑같이 된 셈이다.

마침 전쟁이 일어나서 임제스님은 바로 거기를 버리고

가셨다.

장군묵군화(將軍默君和)는 성 안에 있는 자기 집을 기부하여 절을 만들고 역시 임제선사(臨濟禪寺)라 이름 짓고 임제스님을 영접하여 계시게 했다.

뒤에 옷자락을 걷어올리고 결연히 남방(南方)으로 가서 하북부(河北府)에 이르셨다. 부주(府主) 왕상시(王常侍)는 스승의 예로써 맞아들였다.

거기에 머무신 지 오래지 않아 바로 대명부(大名府)46)의 흥화선사(興化禪寺)47)에 오셔서 동당(東堂)에 계셨다.

임제스님은 앓지도 않고 갑자기 하루는 옷을 단정히 하시고 기대어 앉으셔서 삼성(三聖)과 같이 문답하여 마치고 고요히 가셨다.

때는 당(唐)의 함통(咸通) 8년 정해(丁亥)48) 정월 열흘〔正月十日〕이었다.

문인들은 임제스님 전신(全身)을 대명부(大名府)의 서북(西北) 모퉁이에 탑을 세워서 모셨다.

---

46) 위주(魏州)
47) 법사인 존장(存奬)이 주지(住持)한 사찰
48) 서기 867년

혜조선사(慧照禪師)라는 시호(諡號)와 징영(澄靈)이라는 탑호(塔號)를 칙령(勅令)으로 받았다.

합장 예배하고 임제스님 전기 대략을 적는다.

진주 보수선사(鎭州保壽禪寺)에 주(住)하는 사법제자(嗣法弟子) 연소(延沼)는 삼가 쓰고 대명부 흥화선사(大名府興化禪寺)에 주(住)하는 사법제자 존장(存奬)은 교감(校勘)하다.

임제스님 말씀
차별 없는 참사람 마침

임제스님 말씀
차별 없는 참사람

불기 2546 임오년 1월 1일 인쇄
불기 2546 임오년 2월 1일 발행

지은이/서옹(西翁)스님
펴낸이/임조선사(臨祖禪寺)
펴낸곳/차별없는참사람

경기도 고양시 일산구 장항동 809번지
전화 (031)903-9121
등록번호/제64호

ⓒ 임조선사, 2002
ISBN 89-90034-00-0 03220

값 10,000원

임조선사의 승낙 없이는 무단복제 할 수 없습니다.